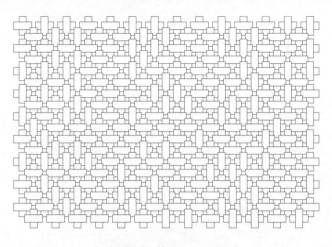

人生やらなくていいリスト

四角大輔

講談社+α文庫
プラスアルファ

はじめに

「なんでもデキる人」にならなくちゃいけない。

「誰かに勝つため」「期待に応えるため」に、ただひたすら頑張らないといけない。

そう思い込まされて心を殺し、「やるべき」と言われることを、すべてやろうとしているうちに、あなたは生きること自体が苦しくなっていないだろうか？

でも、ぼくは言いたい。

仕事や人生で「あなたの理想」を手にするためには、「誰か」と比較しなくていい、「すべて」をやらなくてもいいのだと。

いまぼくは、ニュージーランドの、原生林に囲まれた湖のほとりで半自給自足の〝森の生活〟を営みながら、年の数ヵ月間は世界中で〝移動生活〟を送っている。

「苦手」を捨てて「やりたいこと」に集中する。「好き」を極め、シンプルに生きる。

その結果、場所に縛られない自由な働き方を構築することができた。

五社の役員を兼任し、起業家やアーティスト育成、大学非常勤講師、人生デザイン術を学べるオンラインスクール学長など、複数の分野で活動。アウトドア、旅、オーガニック、執筆といった「好き」を仕事にする、自在なライフスタイルを創っている。

そんなぼくの前職は、レコード会社勤務のアーティストプロデューサー。当時、独創的と評されたプロデュース術も、生き方と同じシンプルな引き算スタイル。

絢香、Superfly、平井堅、CHEMISTRY、河口恭吾など、十数組の才能あるアーティストたちのおかげで、配信を含めると一〇回を超えるミリオンヒット、

ＣＤの累計売上二〇〇〇万枚という実績を残すことができた。

でも、三〇歳になるまでのぼくは、まったくのダメ社員。最初の二年はいじめに遭い、落ちこぼれの営業マン。その後も、会社評価はしばらく最低ランク。

毎朝、鏡の前で、笑顔と挨拶の練習をしなければ会社に行けない。

「なぜ、うまくいかないんだろう。自分はダメなヤツだ」

そうやっていつも、自己嫌悪に陥り、ストレスで体調を崩していた。

悩み苦しみ、心が完全に折れる寸前、ふと気が付いたのだ。

先輩やオトナたちから「やるべき。これが常識」と言われるまま、やみくもに行動しても、ぼく自身がしっくりきていなければ、自分にとって理想の人生を創ることはできない、ということに。

世間で「あたり前」や「社会ルール」とされることを妄信して、何の創意工夫もせず、ただがむしゃらに努力するだけでは、人は決して幸せになれない。

「苦手を克服せよ。あいつに負けるな」と言われ、そこに膨大な時間と大きな労力を注いでも、いい成果に結びつくことはない。

ぼくが、ダメ社員を脱却し、プロデューサーとして記録的なヒットを何度も経験できたり、学生時代からの夢、ニュージーランド移住を実現できたり、自身の著書でベストセラーを出せたりした理由。


そこには特別な方法も、複雑な道のりもなかった。

ただただ愚直になり、目の前の「自分にできること」に集中しただけ。

「普通はみんなやるから」と強いられても、心から納得できなければ、やらなくていい。

一般的に「できなきゃダメ」と言われていることも、違和感があれば、できなくてもいい。


「普通」や「一般的」なんてのは、この世に存在しない、実体のない幻想。

従うべきは、他人や組織が勝手な都合でつくりだした「根拠のない常識」ではなく、あなた自身の内側から発せられる「本当の心の声」。

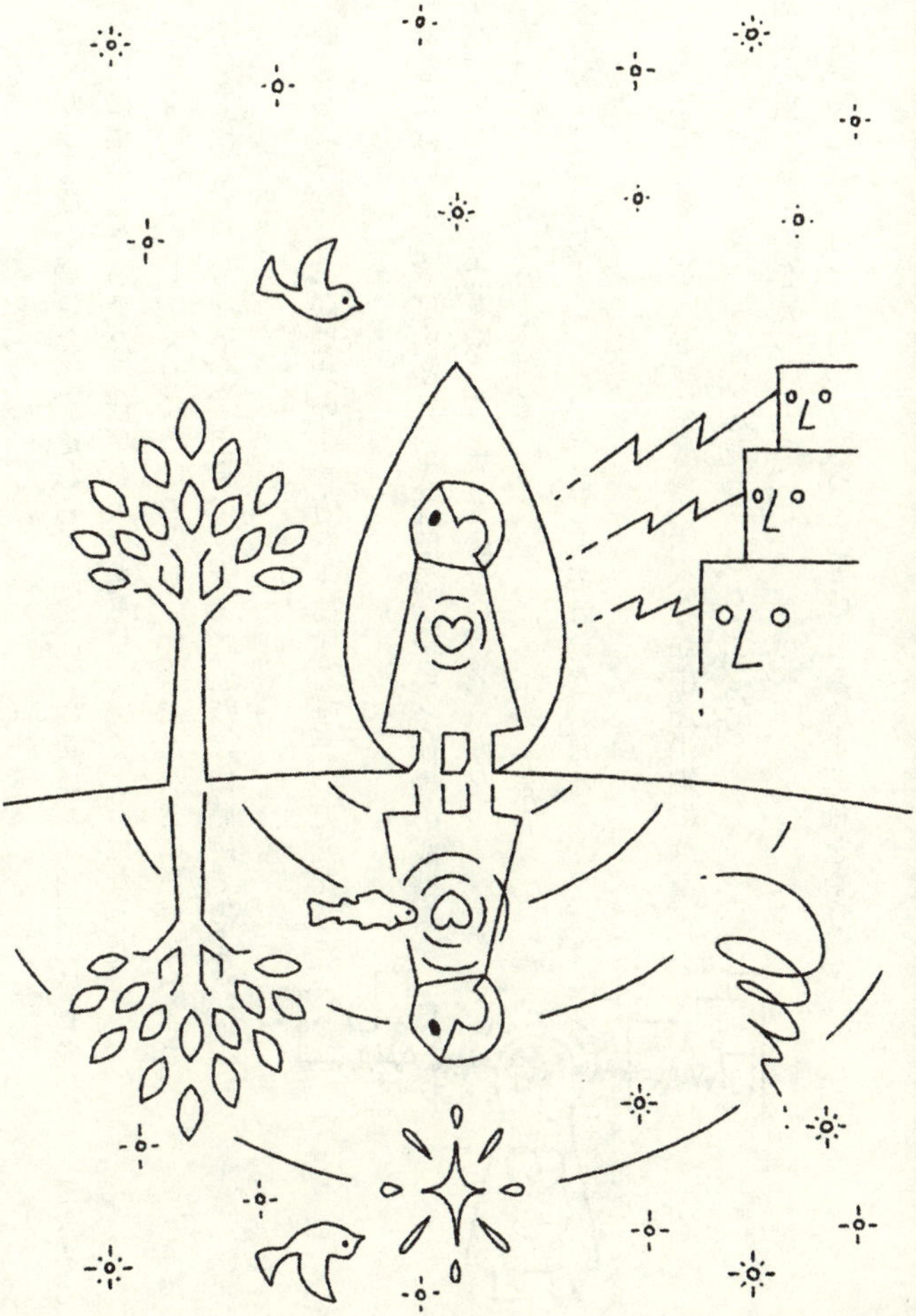

ぼくが三〇歳を過ぎた頃、それら外部ノイズに負けず、自身の感覚を信じ、できることだけに集中したら突然、仕事も人生もうまくいくようになった。

できないこと、しっくりこないことは、いったんわきに置いてみよう。

勇気を出して自分を信じ、自身にできることだけに賭けてみよう。


断言しよう、それが理想の生き方を手にする唯一の方法だ。


あなたはいま、家庭内や外の人間関係、学校や仕事の成績、すべてにおいて満点を取ろうとしていないだろうか？

そのためにあらゆる努力をしているのに、すべてが五〇点くらいになってしまい、もがき苦しんではいないだろうか？


すべてに力を注ごうとするから、すべてが中途半端になる。

それよりも、全力を注げるたったひとつのこと、一〇〇点満点を狙えるものを見つけよう。

できることをひとつ見つけたら、わき目もふらずそれをやり通す。

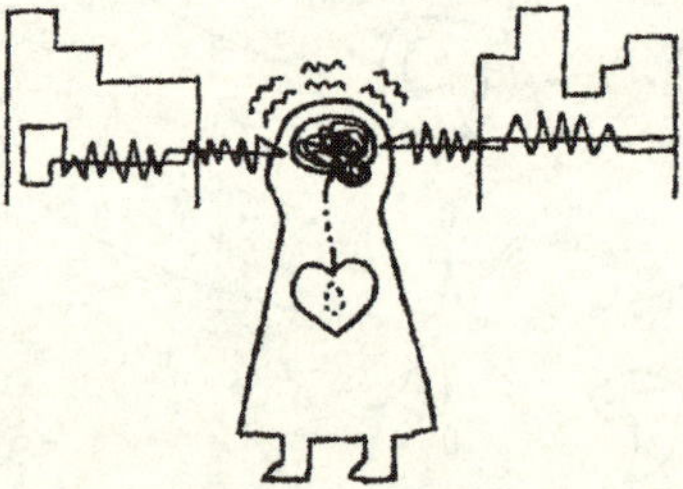

変化球や細かいテクニックを身につけるのは後でいい。

まず必要なのは真っ直ぐな球だ。たった一球の剛速球を投げることを目指そう。


まさに、「人生なんでもやれるが、すべてはできない」ということだ。

この本では、仕事や生活で「あなただけの理想」を手にするために、「やらなくてもいいこと」「やってもいいこと」を、四〇個のポイントに分けて紹介していく。


日本ではこれまで、すべてをそつなくこなせる「平均点人間」が評価されてきた。

会社や上司の命令に無抵抗に従う人間。いままで通りのことを繰り返しできる人間。

まるで軍隊か工場のようなシステムの中で、ぼくらはロボットのように教育されてきた。


しかし、世界は変わった。いま、ぼくらは二一世紀にいるのだ。

右肩上がりの経済成長や、大企業が一生安泰なんて常識は完全消滅。

社会に安定も連続性もなくなり、半年先さえ予測不能となったいま、古いルールの言いなりや過去の繰り返しこそが、ハイリスクな生き方となってしまった。

いま求められているのは「他人と同じ」や「従順」ではなく「オリジナリティ」。

「まんべんなくバランスよく」ではなく、「一点突破」だ。

たとえあなたが「みんな」と違っていたとしても一ミリも気にしなくていい。

周りの目や期待から自由になろう。常識という小さな檻から飛び出そう。

基準がハッキリしない、無意味な人生の勝ち負けレースから脱出しよう。

もう、自分で自分を縛り付けるのはやめにしよう。

ぼくらが従うべきものはたったふたつ。自然の摂理と、自身の心の声だけだ。

やらなくてもいい。できなくてもいい。自分らしくていい。

他人や社会から評価されるためではなく、「あなたらしい成功」を、誰かの理想ではなく「あなたにとって理想の人生」を、目指せばいいのだから。

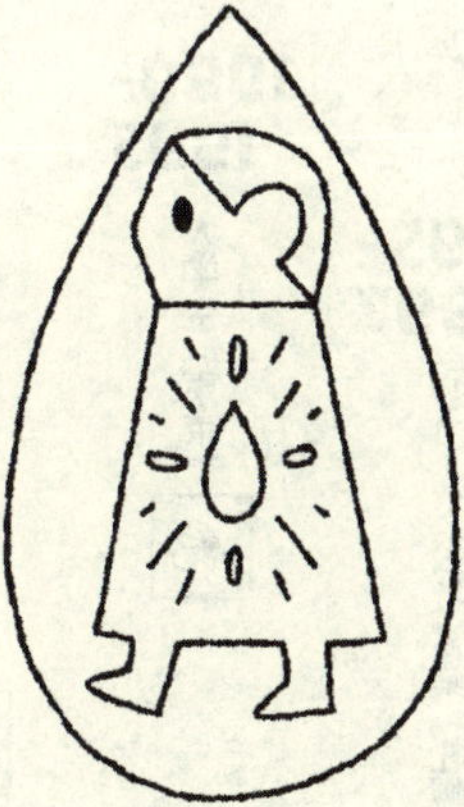

1970
誕生（大阪）

1977-1990
小学生〜高校生&留学（大阪・US）

1990-1995
大学生（東京）

1995-1997
レコード会社営業（札幌）

1997-2000
レコード会社メディア宣伝
兼アシスタントプロデューサー（東京）

本書の使い方
各時代を表すマークは各Chapterのタイトル下にもあります。
当ページの右角に折り目を付けておき必要に応じてここにお戻りください。

DAISUKE YOSUMI'S
LIFE MAP

2000-2001

レコード会社新人発掘（東京）

2001-2009

レコード会社プロデューサー（東京）

2010-

ニュージーランド移住（NZ）

現在

ニュージーランドの湖で森の生活（NZ）
世界中を旅しながら働く移動生活（World）
手つかずの大自然を求めて冒険（Earth）

Contents

第2章　孤独

第3章　仲間

第4章 共創

第5章 仕事

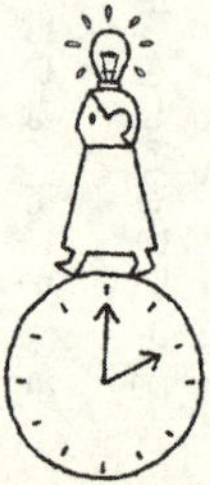

第6章 信念

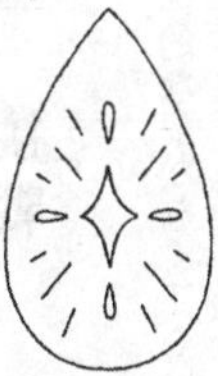

第7章 感性

第8章　挑戦

第1章

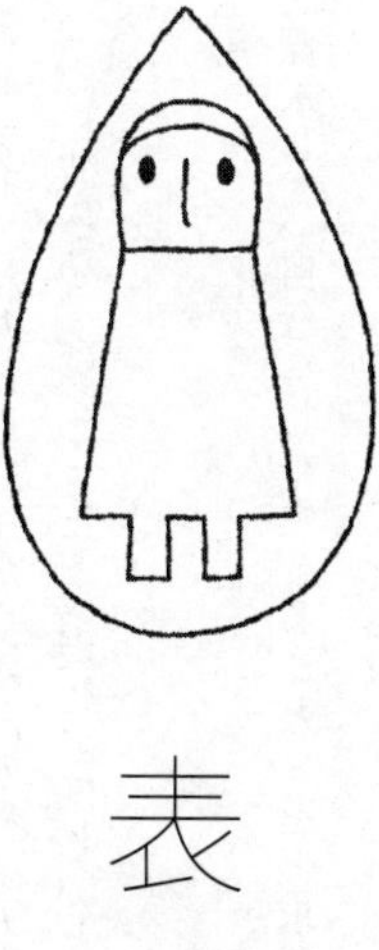

表現

Chapter 01 自分をさらけ出してもいい

長年苦しみ続けた人間嫌いが直ってきたのは、三〇代半ばくらい。

二〇年以上にわたり、プロデューサー、友人として、たくさんの音楽アーティストたちと時間をともにした経験から、もし彼らを、ひとことで表現してほしいと問われたら、迷わずこう答える。

「好きなこと、やりたいことを探求し、〝自分らしく生きること〟を追求し続けている挑戦者」

音楽に限らず、映像や写真、絵や言葉といった芸術を通して表現活動をする人は、当然、全員がアーティストということになる。

たとえ芸術に従事していなくても、この世に生を受けて、「自分の人生を生き、人生というキャンバスに、自身の意思で絵を描こうとしている人」は、職業、性別、年齢、人種に関係なく「誰もがアーティスト」なのだ。

つまり、**「自分らしさを追求する人はすべてアーティスト」**。

これが、この本を通して、ぼくが本気になってあなたに伝えたいことだ。

ではどうすれば、「自分らしく」生きられるのか？

ありのままの自分を、できる限りさらけ出すことが、その第一歩となる。

「怖い？」「恥ずかしい？」

その気持ちはよくわかる。それができない理由は、ぼくがいちばんよく知っている。

なぜなら、ぼく自身が、幼少期から三〇代までずっと人間嫌いで、自分をうまく出せず、四〇代後半のいまでさえ、素の自分を表現するには大きな勇気を要するからだ。

ずっと本当の自分を隠していたぼくが、自分をさらけ出す「小さな勇気」を少しずつ、少しずつ、もてるようになったのは、レコード会社プロデューサー時代に、いつも身近に存在した音楽アーティストたちのおかげなのだ。

人は「ありのまま」でいる時こそが、他人には「いちばん魅力的に見える」ということを、彼らに教えてもらった。そして、**人は、すべてをさらけ出している瞬間こそが、「もっとも美しい状態」で**あることに、気付くことができたのだ。

もっと言うと、ぼくらと彼らの最大の差は、才能ではなく、**「自分をさらけ出す勇気の大きさ」**ということ。いわば、音楽アーティストの活動それ自体が、ありのままをさらけ出す行為とも言える。

自分に自信がないから、そんなことはできないって？

驚くかもしれないが、ぼくが知る彼ら全員が、自分に自信なんてものはもっていなかった。だから自信なんてなくていい。

他人に言うには恥ずかしいような、愛する人のことや、大切にしている想いを歌詞にし、メロディに乗せ、歌う。苦しくて、切なくて、頭では割り切れない複雑な感情を、恥じることなくそのまま表現する。そして、たくさんの人の前で、文字通り全身で、すべてをさらけ出してパフォーマンスする。

ちなみに、ぼくがプロデュースしたアーティストは、ロック、R&B、ポップス、フォーク、ヒップホップ、クラブミュージックと、ジャンルはバラバラ。でも実は、ぼくなりの「絶対に譲れない共通点」があったのだ。

「その歌声（声質）に、心は、体は震えるか」

いちばん最初に、彼らのデモ音源やライブを聴く時、ぼくがフォーカスするのはこの一点のみ。歌のうまい下手、音楽性、歌詞の感性、メロディセンス、外見など、多くのプロデューサーが気にする点は、いつも二の次だった。

これらの要素も重要だが、後でなんとでもなる。

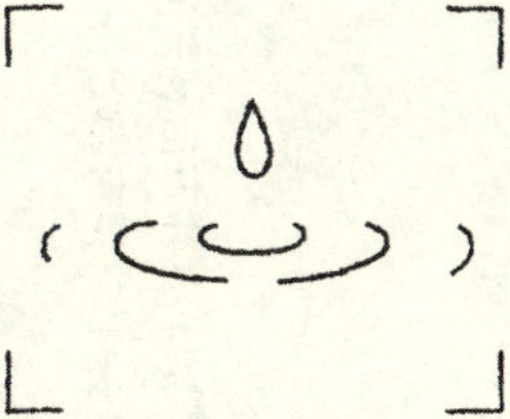

歌い続ければ必ずうまくなるし、最新機材を使えば、ボタンひとつで音程の修正が可能。曲を書き続ければ作詞・作曲は上達するし、プロのビジュアルチームの力で、「その人らしさ」を追求すれば、容姿も、必ずブラッシュアップできる。

ただ、「歌声」のみは、どうしようもないのだ。ぼくは、この変えようのない「声」を音楽アーティストにおける「絶対個性」と呼んでいる。

最新テクノロジーの機材を通して、どんなに加工しても、オリジナルの声よりは必ず劣化してしまう。なにより「歌が伝わらなくなる」のである。

そんなアーティストのむき出しの素の歌声の真髄を体感できる、ライブがもっとも好きだ。なぜなら、彼らの音楽活動において、ステージ上でのパフォーマンスこそが「もっとも自分をさらけ出す行為」だからだ。

何百人、何千人、時には一万人を超える人の前に歌声一本で立つこと以上に、自分をさらけ出す場面なんて他にはそうないだろう。

観客たちは、そんな彼らの「さらけ出された姿」に感動するのだ。

それを体験したくて、わざわざ人はライブ会場に足を運ぶ。

そしてぼくは、彼らがステージで我を忘れた瞬間に時おり見せる、「音程を外し、バンドの演奏を無視して歌が暴走」というような、完全にさらけ出してしまった姿に、震えるほど感動する。

これは、「リハーサルを繰り返して完成させた型を再現する」という、本来の方針から外れてはいる。だが、ライブ後のアンケートでは、多くの人がその瞬間のことを絶賛する。人は、**「計算し尽くされたアート」に感銘は受けるが、「計算を超えたアート」に、より心打たれるもの**なのである。

音楽アーティストとは、すべてをなげうって、大好きな音楽だけに賭けている人たち。そんな彼らの、子供のように真っ直ぐな「ありのままの姿」に、感動するのだ。

ぼくがずっと好きになれなかったのは、本音を隠しながら接してくる「オトナな人たち」だった。心許せる友達がなかなかできなかったぼくは、生きる苦しみを周りのせいにしていた。でも音楽アーティストと接して、そんな自分こそが、ありのままをさらけ出せていなかったことに、ようやく気付けたのだ。

それ以降、音楽アーティストたちと苦楽をともにする時間、彼らのために働く時間が、何よりも充実した時間となった。そして、彼ら以外にも、「自分をさらけ出す勇気をもって生きているオトナ」が、ちゃんと存在していたことに気付けるようになった。

人前でうまく話せない、顔が赤くなることをからかわれる、チック症をバカにされる、いじめられる。ぼく自身、学校や会社で、常に居心地の悪さを感じていた。

レコード会社で、一見華やかな仕事をしながら（実際は八割が地味な業務だが）、人と対面する時には、心のなかではいつも極度の緊張と小さな恐怖と戦っていた。

しかし、音楽アーティストたちと過ごした長い年月のおかげで、「自分らしく、ありのままでいい」という人生の真髄を、理解できるようになったのだ。

あなたにとっての「絶対個性」とは何か。

それを見つけ出していただくために、ぼくはこの本を書いた。

Chapter 02
うまく話せなくてもいい

ぼくはずっと、人と話すのが苦手だった。

いまでも、初対面の人と話す時は緊張するし、仕事で大人数を前に、プレゼンしたり講演する時、顔が熱くなる。

四〇歳を過ぎてやっとマシになってきたけれど、それまでは、人前で話した後はいつも、自分がイヤになってとことん落ち込んでいた。

「なぜうまく話せないんだろう」「自分にはコミュニケーション能力がない」。かつてのぼくのように、こう悩んでいる人も多いはず。でも、落ち込むことはない。

たったひとつだけでいい。自分が大好きな何かについて必死に話をして、他人に興味をもってもらうことができればいいのだ。

ぼくが新卒で入ったのは、㈱ソニー・ミュージックエンタテインメント。こういった音楽業界は、華やかなイメージが強いだろう。でも当時のぼくは、いわゆる「業界に就職しそうな学生」ではなかった。通うのは人気のイケてる大学でも、一流大学でもない。最新のトレンドにはうとく、リーダーシップもなかった。

強烈な個性が集まる集団面接での自己アピールも不得意。人前で歌うカラオケも苦手、楽器もダンスもできない。楽譜も読めず、音楽的素養はナシ。さらに、体系立てて音楽を聴くような音楽マニアでもなかった。

当時、ソニーミュージックの応募用紙には、白紙のA４スペースを使って「自分を表現せよ」という項目があった。ぼくはその真ん中に、渓流の野生魚アマゴの写真を貼り、小学生からの夢だった、その魚を釣り上げるまでのリアルな実話を書いた。

後述するが、ぼくはフライフィッシングを究めるために、ニュージーランドの湖＝釣り場に移住してしまったほどの釣り好き。釣りをしている時がもっとも幸せで、当時、頭の中は釣りのことばかり、生活における最優先事項は、湖に通うことだった。

当時はまだ、「複数の人間を前に、何かについて話す」なんてことは、何より苦手だったけれど、釣りの話ならいくらでもできた。

高学歴で、流行に精通しておしゃれな人は無数にいただろうが、ぼくほど「釣りに時間と情熱」を費やしている同世代は、そんなにいなかったろう。

周りから浮いて、変人と言われるような、「釣りを中心とした生き方」が、意図せず自然に、ぼくに「独創的な発想」をもたらし、ぼく自身をクリエイティブにし、「独特の存在」にしていたのだ。

しかも、レコード会社志望の応募者の中において、ぼくのようなキャラクターは、間違いなく「オンリーワン」だったはずだ。

面接官は、必ず、ぼくの応募シートの例のA4スペースに目をとめる。そして、まずそこから質問が飛んできた。当然ぼくは、釣りの話ならいくらでもできた。すべての面接が、その話に終始し、音楽の話をしたことは、ほぼなかった。

その、「好きなことを、熱く楽しく、しかも手短にわかりやすく話せるところ」に可能性を感じてもらい、ぼくは内定を取ることができた。たかが「釣り」の話で、約四〇〇倍という熾烈な競争率を突破したのだ。

話す内容はなんでもいい。
まずはひとつ「この話なら誰にも負けない」というものを探してみよう。「ウケる」「ウケない」は、この段階では考えなくていい。
ぼくの成功体験を参考にしていただくために、面接までにしたことを、順を追って書いてみたい。

当時のぼくは、釣りに関してなら語れることに、ある時気付く。
人に会ったら臆せず、軽く釣りの話をしてみる。同じ内容の話を何人かにしてみる。するとし「人はこのポイントに興味をもつ」とか、「この順番で話すと最後まで聞いてくれる」などがわかってくる。

この段階である重要なことに気付く。

釣りに興味のない人は、そんなに長い時間、集中して話は聞いてくれないことに。

次に心がけるべきは「できるだけ短く、シンプルに話すこと」。

長くて一〇分、できれば五分以内におさめるべくトレーニング、つまり人に話す練習を続けてみる。さらに三分、一分バージョンを作るべくやってみるといい。

何度もトライを重ね、失敗を繰り返していると、核心部をもらさず網羅できている、コンパクトな「鉄板トーク」が完成するようになる。

こうなれば、しめたもの。

次にやったのは、自分の周りで話がうまい人を探し出すこと。

その人の技術を盗み、鉄板トークをさらにバージョンアップさせるのだ。

たとえば、話を聞いている途中でも「これは使える！」と思う表現や言い回しがあったら、その場で「いいですか？」と断ってすぐにメモる。

言いづらければ、トイレに行った隙にメモしたり、急ぎのメール返信の許可を得て、ケータイで自分あてにメールをしたこともある。

ぼく自身、話し方セミナーに参加したり、話し方本も読んだ。

けれども、**身近な人の言葉のほうが、自分にとって断然「生きた」「すぐに使える」言葉にあふれている**ものなのだ。

タイムラグが生まれざるを得ない書籍や講演と違って、周辺にいる話がうまい人が「実際に使っている」言葉は、リアルタイムで最新だし、自分にとっても「実際に使える」ことが多い。

話し方やプレゼンのコツを知りたかったら、あなたのすぐ横にいる「うまい人」から学ぶことをすすめたい。

いつでも、いちばんの学びの場は、書物や教室よりも、現場だ。

ぼくにとっての釣りのような、あなただけの「好き」「ワクワク」「心地いい」を思い出そう。そのヒントは、これまでの人生に必ずあるから。

そして、それを情熱的かつ簡潔に話し、興味のない人を惹きつけられたらもう大丈夫。

後は、身に付けたその「型」を他のテーマにあてはめるだけでいいのだ。

Chapter
03
欠点は直さなくてもいい

子供の頃を思い出してみよう。

算数が得意だった人は、「苦手な国語をもっと頑張りなさい」と、体育が得意だった人は、「学業に集中しなさい」と叱咤されたことはないだろうか？

日本では多くの場合、得意なものを伸ばすより、不得意なものを克服することを求められる。しかし、本当に人を輝かせるためには、欠点を直す必要はない。

ぼくのプロデュースワークでいちばんの転機となった、ある男性ボーカルデュオとの出会いが、それを確信させてくれた。

彼らに初めて会った日を、いまでもはっきり覚えている。

場所は、都内のテレビスタジオ。

リハーサルで彼らの生歌を聴いた瞬間、力強く温かい歌声に、一目惚れならぬ〝一聴惚れ〟し、彼らの、人を寄せ付けない野性的な面構えと、真っ直ぐで本気のまなざしに心を奪われた。話してみると、シャイでバカ正直で、優しい人柄のふたり。

一瞬にして、彼らの虜になったのだ。

ふたりは、まったく違う境遇だったが、それぞれの人生で壮絶な苦労を経験してきていた。さらに、決して饒舌なタイプではなく、「うまくやろう」と立ち回ることができない不器用な人間だった。

そんなふたりが、ひとたび歌を歌うと驚くほど輝き出し、その歌声で人の心を震わせてしまう。ぼくは彼らに他人とは思えない特別な感情を抱いたのだ。

幼少期から夢中になっていた「釣り」と「野球」以外には、自分に自信をまったく持てず、高校を卒業するまで極度の恥ずかしがり屋で、一切、前に出られない。新入社員時代は激しく叩かれ、いじめられ、その後もうまく立ち回ることができない。

そんなぼくが、もっとも自分が嫌いだったのが中学生時代。

もしあの頃のぼくが、彼らのような「一芸（歌）だけで人生を勝負する、不器用なアーティスト」を、メディアで目にしていたら、心の支えになっただろう、もっと人生が楽になったかもしれない、と心底から思えたのだ。

ぼくは、プロデューサーとしてというより、いち人間として、彼らを本気で応援したい。そして「できる限りなにも足さず、余計な加工もせず、彼らのありのままの姿を世の中に伝えたい」、そう決心したのだ。

デビューを果たし、いよいよテレビの大型歌番組への出演が決まった時、彼らから「テレビでしゃべるのは苦手です。どうすればいいでしょうか」と相談を受けた。

その時ぼくは、こう答えた。

「どう答えたらいいかわからないような時は、無理に取り繕わなくていい。率直に『すみません、どう答えたらいいのかわからないんです』と言えばいい。それが、もっとも実直さが伝わるから」と。

さらにこう付け加えた。

「トークは苦手でいい。得意な歌だけに集中しよう」と。

すると彼らはホッとした表情で、「それならできます」と答えてくれた。それからは、「ありのまま」という言葉が、彼らのブランド戦略のひとつとなった。

歌い始めると神がかったように、すさまじい光を放つ。だがトークになると途端におとなしくなり、どこにでもいるシャイな男子に戻るという、愛すべきキャラで大人気になり、年間売上一位や瞬間最高視聴率など数々の記録を樹立したのだ。「素」を隠さずに活動を続けていくうちに、ライブ会場には、彼らに共感した、昔のぼくのような、劣等感に苦しむ中高生男子たちが集うようになった。

「パソコンオタクとバカにされていましたが、彼らの、歌だけに賭ける姿を見て、自分はこのままでいいと勇気をもらいました」

「成績が落ちたので、親に部活をやめなさい、と言われて悩んでいましたが、続けることにしました。背中を押してくれてありがとう」

全国の悩める男子たちから、こんなファンレターが届くようになった。彼らは、ありのままの姿を見せることで、人に勇気を与えたのだ。

そして、その気の弱そうな中高生たちの姿に、ぼくは昔の自分を重ねていた。

1stアルバムCDは売上三〇〇万枚、2ndアルバムは二五〇万枚を突破するが、それよりも、希望の光に満ちた瞳でライブ会場に駆け込む男子たちの姿を目撃したり、彼らからのファンレターを読むほうが、ぼくにとっては「本物の感動」だった。

もしかしたら、「それは彼らがスターだからだ。自分には才能がないから、欠点は直さないと」と思う人もいるかもしれない。

だが、あなたの周りの魅力的な人は「完全無欠」だろうか？

大スターで、完璧なように見えるアーティストたちも、本当はダメなところだらけの、ぼくらと同じ不完全な人間だ。

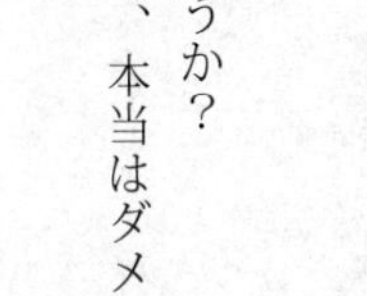

一五年間レコード会社で働いたが、欠点のない万能アーティストなんか存在しなかった。多くのアーティストが、人に話せないような悩みや苦労を抱え、心は傷だらけ。そして、自分に自信をもてない弱さと常に戦っている。

それでも、音楽という「たったひとつの大好きなこと」に集中することで、人の心を打つ名曲やパフォーマンスを生み出しているのだ。

ひと昔前の日本では、同じ行程を繰り返し、同じものを大量に作って売るという生産業が中心だったため、教育でも社会でも、欠点の少ない〝バランス人間〟や〝何でも屋〟になることが求められていた。

でも時代は完全に変わった。

いま求められているのは、機能不全を起こしているシステムや、形骸化したルーティンを、改善できるような斬新なアイデアやイノベーションだ。

そのために必要なのは、ずばり、「独創性」と唯一無二の「絶対個性」。それは、**人の「得意」と「苦手」の掛け合わせで生まれる「オリジナリティ」のこと。**

これからは、欠点を直すことに時間と手間をかけるより、いいところを伸ばすことに集中したほうが、絶対にいい。

それこそが、仕事も人生もうまくいく唯一の方法。

そういうワクワクするような世界に、ぼくらは生きているのだ。

Chapter 04

主役にならなくていい

人は全員、それぞれ固有の役割をもっている。この真理は、ぼくが一〇年近くも夢中になっていた、野球にたとえるとわかりやすい。

四番バッターで活躍できる人もいれば、一番バッターにハマる人もいる。ピッチャーが向いている人もいれば、外野手として輝く人もいる。

ぼくは野球を通して、自分の特性と役割を痛感した。

「自分はどんなに頑張っても四番バッターにも、エースピッチャーにもなれない」、つまり野球における「主役のような役割は果たせない」という事実を知ったのだ。

そして、挫折のようにも見える、この痛烈な経験こそが、ぼくのプロデューサーとしての仕事に、大きく役立つこととなった。

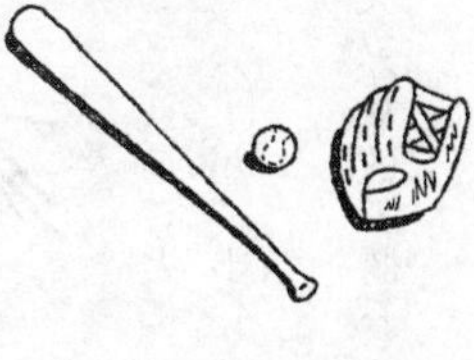

小学校低学年の時、少年野球チームに入部。五年生になった年、幸運なことに全国大会がスタート。初めて身近に聞く「日本一」という言葉に、ぼくらは興奮した。

六年生という小学校最後の年に、どうせならその大会で優勝して、日本一になってみたいと、強く思ったのだ。そこで、チームメイトと考えた。

いったい、どうやったら日本一になれるだろうか？

夕焼けに照らされた校庭で、話し合って出た結論。それは、

「日本一練習したら、日本一になれるのではないか」だった。

いちばんシンプル、でもたぶん、いちばん正しい思いつき。

それからまもなく、猛練習をスタート。

六年生になり、有名なプロ野球選手を育てたこともある鬼監督が鍛えてくれることになり、練習内容もその量も厳しさを増した。ケガをしたり、退部するメンバーが続出しても、練習をやめることはなかった。

ぼくらはどんどん強くなり、地元の市の大会を、その次の大阪府の大会を無敗で勝ち上がり、ついには全国大会に出場することになった。

そして、みんなであの約束をしてから一年後の夏。

なんとぼくらのチームは、日本一に。夢が叶ったのである。


この成功体験は、強烈だった。

「努力したぶん結果が出る」ことを、体にすり込まれたのだ。

いま思えば、のちにフライフィッシングやアーティストプロデュース、仕事や人生で遭遇する、**ベストを尽くした者にだけ、時々ほほえんでくれる「運」という名の「何か大きな力」が存在する**こともこの時に知った。


ぼくは、そのチームの打順では三番を任されていた。

決して「天才型」ではないとわかっていたから、家でこっそり、個人練習の素振りを、毎日一時間以上やっていた。両手はいつも血豆だらけ。それが裂けて、手のひらと指はいつもボロボロ。

そこで、シンプルな法則を発見した。素振りを欠かさずすると、試合でヒットを打てる。でも、たった一日でもサボるとダメ。

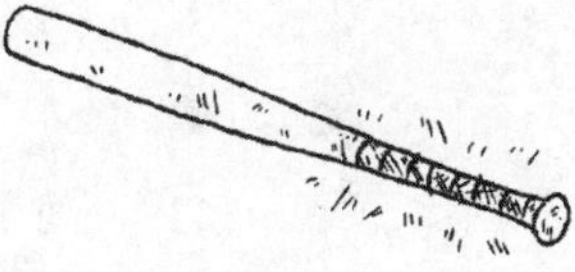

ちなみに、たとえ素振りをサボらなかったとしても、ずっと打ちたくて、夢にまで見続けたホームランだけは、ほとんど打つことができなかった。

「個人練習の量と、試合での結果は比例する。だからぼくの場合は、絶対に真面目にやらないとだめだ」

でも、「自分はどれほど練習しても、ホームランを打てる四番バッターにはなれない」ということを、この経験から痛いほど知ることになった。

四番バッターだった友達は、ぼくとは逆の天才型。

誰よりも身長は高く、体はゴツい。小学生離れした身体能力で、ホームランをバンバン打つ。しかも彼はプレッシャーにも強く、みんなが「ここで打ってほしい」と願うような場面で、必ず期待に応えてくれた。

かたやぼくは、好調時に何度か四番になったが、すると途端に打てなくなる。四番バッターという「主役」の座が、プレッシャーに弱いぼくにとっては重荷となり、本来の実力を出せなかったのだ。ぼくは速い球を投げることができたので、ピッチャーに抜擢されたこともあったが、同じ理由でダメ。マウンドで、全員の注目と期待を浴びせられると、本来の能力を出せなくなってしまうのである。

でもぼくは、三番にいれば、高打率でヒットを打てた。しかも、徹底的に練習をしていた送りバント（犠牲打）の成功率が一〇〇パーセントという「超脇役」三番バッターとして、チームに大きく貢献できたのだ。

そして、ピッチャーはできなかったけれど、内野手としてならほとんどミスをしない選手として活躍することができた。

四番の彼や、常に安定した投球を続けられるエースピッチャーと自分を比べて、ぼくはひとつの結論を出した。

「自分はピッチャーをやれるメンタルの強さもないし、ホームランを打てるような天才型ではないが、努力さえし続ければ〝自分にしかできない成果〟を出せて、チームに貢献できるタイプだ」と。

彼らのおかげで、自分の特性、そして役割に気付けたのだ。

野球は究極のチームスポーツといわれている。

守備や打順で、いかに適材適所のメンバーを配置するかが、チームの実力を決める。

たとえば、ホームランバッターのような強打者がひとり活躍してもダメ。確実に塁に出られる足の速い選手、塁に出た選手を次の塁に進められるバッター、ベストな形で四番バッターにチャンスを回せる打者がいなければ、結局は大きな得点に結びつくことはない。才能のあるピッチャーがひとり奮闘しても、堅実な野手（守備陣）がいなければ、試合に勝つことはできない。

全員が四番バッタータイプ、全員がエース級のピッチャーという選手が集まったチームと、全員がそれぞれの打順とポジションに与えられた役割に徹することができるチームが対決すると、試合では後者が勝ってしまうのだ。

それぞれ違う役割があり、各所で「オリジナリティ」を発揮できることが理想の形。これは、会社や団体ではもちろん、日本社会、「人類全体」においても同じ。

ぼくは、主役にはなれなかったが、**「チームでは自分にしかできない役割を担ってい**

る。**与えられた〝居場所（打順とポジション）〟にいることが幸せだ**」と心から思えた時、飛躍的な結果を出せるようになった。

「本当は四番がいいのに。ピッチャーになりたいのに」と悔しく思っていた頃は、どの「居場所」にいてもいいプレイができなかった。


野球は、ぼくに色んなことを教えてくれた。

「理想の形で（舞台を）四番につなげる」「背後からピッチャーを支える」といった適性は、後にプロデューサーという天職でさらに花開くことに。

この「人にはそれぞれ役割がある」という考え方は、その後の人生に、いちばん大きな影響を与えてくれた。

これがぼくの**「人は誰もがアーティスト＝人は誰もが自分らしさと、役割に特化して生きるべき」**というメインメッセージのルーツでもあるのだ。
そしてこれこそが、「自分探し」よりも「居場所探し」の方が大切だと思えるようになったきっかけでもあった。

第2章

孤独

Chapter 05

言葉にできない衝動を信じていい

幼稚園に入る前に、初めて体験した「魚釣り」。釣りバリを、陸からは見えない水中に入れた時、「未知の世界」とつながれた気がした。詳細な記憶はないが、体が沸騰するほどゾクゾクした感覚だけはハッキリ覚えている。

初めて自分の手で魚を釣り上げたのは、小学校に入ってすぐ。故郷、大阪府郊外の田園エリアには、当時はまだ多く川や池があった。「秘密の場所がある」という友達について自転車を二〇分走らせた後、草むらを歩いて行くと、小川にたどりついた。ぼくにとってはちょっとした冒険。

エサを水中に入れてしばらく待つ。すると突然、釣り糸を通して手に「ブルブルッ」という振動が伝わってきた。

「何かとつながっている！」という衝撃に襲われ、全身がしびれたような状態に。釣れたのは、手のひらに乗るくらいの小さなフナ。

だが、その「言葉にできないほど強烈な衝動」は、体の真ん中あたりに宿り続け、その後のぼくの人生をデザインすることになる。

笑わないでほしい、これは本当の話だ。

のちに、レコード会社勤務の激務を縫って、フライフィッシングという、独特な釣りのセミプロとなり、この釣りを究めるために、世界一その釣りができる国、ニュージーランドの湖（釣り場）に暮らしているのだから。

あなたにも、幼少期にこういった経験はないだろうか。

ぼくの場合は、たまたま釣りだったが、その対象は人それぞれなはず。**あなたにも「人生を変えるほどの衝動」が、体のどこかに残っているはずだ。**

多くの場合、それを忘れてしまっていたり、封印してしまっているが、それはいつでも呼び戻すことができるとぼくは信じている。

以来、放課後すぐに出かけ、真っ暗になるまで釣りをするのが日課となった。週末や長い休みに入ると、登山部出身で渓流釣りが得意な父親に連れられて、和歌山、長野、岐阜といった自然豊かな地域へ、キャンプや山歩きに行くように。

近所の川や池だけでは飽き足らず、ツーリング用の自転車を買ってもらい、小学校高学年から中学生にかけては、その自転車で一～二時間ほどかけて、さらに遠くの美しい山上湖へ通うように。高校に入ってからは中古のオフロードバイクを購入し、釣りの行動範囲はさらに広がり、活動はより活発化する。

大学生になり、中学生から書き続けている「やりたいことリスト」にずっとあった、「究極の釣りフライフィッシング」と「キャンピングカーの旅」という夢もついに実現。

肉体労働のアルバイトをたくさんして、格安でボロボロのバンを買い、一ヵ月近くかけて自身の手でキャンピングカー仕様に改造。

そこに釣りとキャンプ道具一式を積み込んで、関西中部から甲信越を中心に、各地の水際へ、ひとりでフライフィッシングの旅にでかけた。

林道に車を駐め、そこから衣食住を詰め込んだバックパックを背負い、丸一日、時に数日かけて、源流や山上湖を目指して歩くこともあった。

今ではライフワークとなっているフライフィッシング冒険の原形だ。

初めての北海道。横断するように、二〇日間ほどのキャンプトリップをした時、再び「言葉にできない衝動」を味わうことになる。

屈斜路湖の畔に数日間テントを張って過ごしていたある朝、夜明け直後に霧が晴れて、鏡のように静謐な湖面が姿を現した瞬間、胸がざわめいた。

幼少期から、さまざまな水際で釣りをしてきたぼくにとって、「湖が断然好き」ということに気付いたのは、まさにその時。

同時に、人生でいちばん気持ちいいのは、「湖でフライフィッシングをしている時」であることも知ってしまったのである。

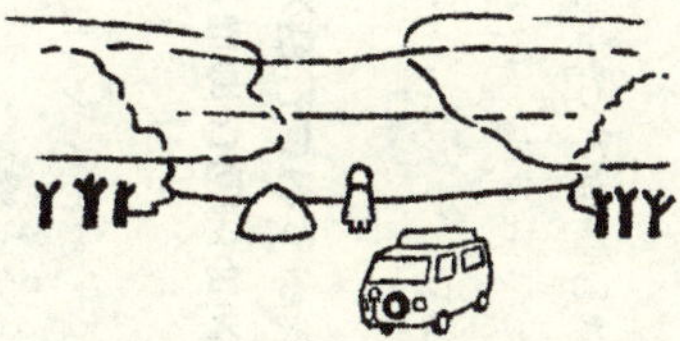

ほとんどがひとり旅だから、話し相手は大自然と、自分自身。人間嫌いだった当時のぼくにとって、自然への単独行は、社会からの逃避でもあった。
だが、この「孤独な時間」は、今ではかけがえのない宝物となっている。

年一〇〇日以上という、フィッシングトリップを続けるうち、「邪念や我欲」といったノイズが頭から消え、自分の心としっかりとつながれるようになった。

ぼくの場合はたまたまフライフィッシングや登山といった大自然への冒険、そしてひとり旅という形だったけれど、ランニングでも、ヨガでも、瞑想でも、茶道でも、方法はなんでもいい。

自身の心の奥にアクセスし、自分自身と向き合える「孤独な時間」、この時間を「アーティストタイム」と呼び、今でも大切にしている。

この、自分の内側とつながる感覚を手にすると、「無理していること」や「心に嘘をついていること」が明確に見えてくる。そうすると、あなたが本当に「やりたかったこと」や「好きなこと」を思い出せるようになるのだ。

その結果、本来のあなた自身と、自分の人生を取り戻せるようになる。

孤独は恐れなくていい。それはアーティストタイムという、とても尊い時間だから。

Chapter 06
隣の芝生は見なくていい

二〇一〇年一月。三九歳。

レコード会社を辞め、いよいよ、大学生時代からの夢だったニュージーランドへの移住を果たすことになる。

辞める直前、たくさんの人からこう言われた。

「いま絶頂期だよね。プロデューサーとしてここまでの実績を挙げておいて、すべて捨てるのは、もったいないよ」と。

しかし、ぼくは、まったくそう思わなかった。

客観的に見れば、仕事での大きな実績もあり、高給と安定を得ていたのも事実。何も問題が起きていないのに、そういった立場を自ら放棄してしまうのは、「一般常識」で考えたら、もったいないのかもしれない。

しかし「ニュージーランドに移住したい」という夢は、仕事を始める前から抱いていたもの。つまり、社会人になってから得た地位・名声・収入というのは、「もともとなかった」もの。

だから、「捨てる」という感覚はなく、身軽になって「やっと本来の自分に還れる」という感慨深い気持ちしかなかったのだ。

そして、その夢のために、音楽アーティストのプロデュースという、大変な仕事を頑張れた、とも言えるだろう。

プロデューサーとしてヒットが続き、毎年昇給が続いていた時も、駅に近くて家賃が安いという理由で、敷地内にお墓がある築四〇年という古いマンションに、一〇年以上住み続けた。車は、ボロボロになって使えなくなるまで一三年間乗り続けた。家具はすべて中古で、服も古着がメイン。

ぼくには、他人の芝生が青く見えない。

生活を派手にしたいとか、高価なブランド品を身につけたいとか、高級車を乗り回したいという欲望はまったくない。

もし、世間の基準で言う「いい暮らし」をするために、少しでも無駄なお金と時間を費やしていたら、移住の夢は、叶わなかったと言い切れる。

自分の心が本当に望むことと向き合わず、外部ノイズに負けて「あれもこれも」と目移りしていては、幸せは決して手に入らない。

ぼくは「変わってる」と言われ続け、多くの人とは違う独自の道を歩んできた。でも周りを見て「違う道へ」と奇をてらってきた訳じゃない。

心が「こっち」と叫ぶ（時にささやく）方向に正直に進んでいたら、いつもそれが、みなと同じ「舗装道路」ではなく、「オフロード」だっただけ。

心の声に耳を傾けず、周りの目や動向ばかり気にして、それに振り回されていると、気付かぬうちに、みんなと同じレールに乗ってしまう。

結局、そういう人は、横を行く人がうらやましく思えて、そっちにつられた結果、迷ってしまう。そして、目の前を見ず、わき見ばかりしながら進んでいるため、頻繁に事故を起こしてしまう。

オフロード、つまり自分だけの道を進むことは、決してラクではない。だが、あなたの本当の夢を達成する方法は、実はそれしかないとぼくは言い切れる。

Chapter 07

「ＴＯ ＤＯリスト」はなくていい

ぼくは京都精華大学で二〇〇九年に、上智大学では二〇〇七年から現在まで非常勤講師を務めている。他校から声がかかることも多く、半年で三〇校近く講義で回る大学ツアーを実施したことも。

「自分が何をやりたいかわからないんです」

講師を務める大学の教え子や、他大学の講義で出会う学生、会社で面倒を見ているインターンの大学生たちに、こう言われることがよくある。

社会人でも、「自分がやりたいことがわからない」という人は多い。

そして、「やらなくちゃいけないことが多すぎて、やりたいことができない」というパターンはもっと多い。そんな時、ぼくはまずこんなことを言う。

「そうか。じゃあ来週までに、ＴＯ ＤＯリストを全部書き出してみて」

おもしろいことに、みんな、ものすごい数のリストをもってくる。

そしてぼくは、続けてこう聞くのだ。

「このなかで、やらないと人生が終わることっていくつある?」

「忙しい」「タスクが無数にあって大変だ」と、ただ頭の中だけでパニックを起こしているケースが、実はほとんど。

しかし、実際にすべて書き出してみて、それらを冷静に見ると、「絶対のTO DO」は、ほとんどないことに気付く。

なんとなく「やらなきゃ」と焦り、「TO DOリスト」に振り回されている人が、とても多い。「やらないといけないこと」とは、外部から与えられたものがほとんど。そんな「TO DOリスト」を中心に生きることほど、つらいことはない。

もし、**「自分がやりたくないと思っていること」に、人生のほとんどを費やす生き方をしていると考えたら、恐ろしくならないだろうか。**

「TO DO」に振り回されていると感じたら、「やりたいことリスト」を書いてみよう。

ぼくは、中学生の時から「やりたいことリスト」をつけ続けている。

この習慣のおかげで、自分にとって本当に大切なものに気付けたり、いつでも自分自身に立ち返ることができているのだ。

書き始めたきっかけは、中学一年生一学期の中間テスト。


小学生時代、家で勉強をしたことがなかったぼくにとって、中学で経験する初のテスト期間は、机に縛りつけられて動けない監獄にいるような時間だった。

不思議なことに、人間は行動に制限をかけられると、自分がやりたかったことに気付く。あなたが、満員電車やトイレでいいアイデアを思いつくように。ぼくもそうだった。

「忘れてた！　あの映画を観たかったんだ」
「○○くんが教えてくれたあの秘密の池に、まだ行ってない」
というように、一○を超えるやりたいことを次々に思いついたのだ。
「まずはテストを乗り越えよう。終わったら全部やろう」と考えただけで、猛烈にワクワクした。「人生最高！」と思うほどに。

しかし中間テストが終わった直後、遊び呆けて、思いついていた「やりたいこと」を、完全に忘れてしまったのだ。

学校に行って、暗くなるまで部活に打ち込み、帰宅後ご飯を食べて寝て、といつもの毎日に戻ってしまっていた。

次にそれら「やりたいこと」を思い出したのは、次のテストの時。

「震えるほどやりたい！と思ったことを、ぼくは忘れてしまうんだ」

そう気付いた時の、あの恐ろしい気持ち。

「自分が、何をやりたいか」という大切なことを忘れてしまうなんて。それはまるで、自分自身を失ってしまうような恐怖だった。

それ以来、やりたいことが浮かんだら、すぐメモをとるようになった。

授業中だったらノートの端、テスト中だったら答案用紙の裏側など、思い浮かんだ時に即書いて、その部分をちぎってポケットに入れておき、帰宅後に自作の「やりたいことボックス」に入れておいた。

大学生、最大の目標は「やりたいことメモに書いてきたことを、全部やろう」だった。

まず、「ドリーム・リスト」と書いた新しいノートを準備。

次に、箱からメモを出して、「行きたい所」「ほしい物」「会いたい人」など、内容ごとに分類し、カテゴリー分けしてノートに貼っていく。さらに、各カテゴリーのメモを「やりたい順」に並べ替え、上から順に行動に移していく。

こうやって整理された「ドリーム・リスト」を冷静に見ていると、「自分軸」が、急に浮き彫りになってきたのだ。

自分の内側から生まれる「やりたいことリスト」は、自分そのもの。

大事に思うことはなにか。興味をもつ方向性はどっちか。

ワクワクすること、心地いいと感じることはどういうことか。

ボンヤリとしか見えていなかった「自分の根幹＝ルーツ」を、客観的に見ることができるようになり、やがてそれに確信をもてるようになる。

それ以来、年に一回、やりたいことリストを見直すことで、自分自身を取り戻し、ブレずに生きていくことができるようになったのだ。

無駄な「ＴＯ ＤＯ」に埋もれて、人生を見失ってしまう学生がいる。

かたや、激務をこなしながらも、しっかり自分の時間を確保し、自分軸に沿って人生を謳歌しているビジネスパーソンもいる。

そんな極端な事例をたくさん見ていると、**「時間」というものは、優先順位のつけ方ひとつで、ゼロから無限大まで形を変えるもの**なんだと思い知らされる。

あわただしく毎日は過ぎ、気付けば長い年月が消滅し、人生は終わる。

「ＴＯ ＤＯ」は、自分の外側で勝手に増えていく。

でも、「やりたいこと」は、自分の内側からしか出てこない。

「ＴＯ ＤＯリスト」は、ひとまずわきに置いて、**いますぐに「やりたいこと」を書き出してみよう。そうすると、「ＴＯ ＤＯリスト」は目的ではなく、「やりたいこと」を形にするための手段である**ということに気付けるから。

「心からやりたいこと」を軸に毎日を過ごしていると、必ず、あなた自身のオーラが、目つきや表情に表れてくる。
そうやって自身の内側とつながり、自分らしさを取り戻すと、誰もがキラキラと輝く魅力的な人間として生きられるようになるのだ。

人生は一度きり。しかも寿命という「〆切」が設定されている。
そんな人間にとっては、時間こそが命。

「ＴＯ ＤＯ」に命を捧げるか。
「やりたいこと」に命を賭けるか。

選ぶのはあなた自身だ。

Chapter 08

逃げ道はつくっていい

「仕事がつらい」。誰もが、そう思ったことがあるだろう。
ぼく自身が、社会人になってからずっとそうだった。
そんな時、ぼくを救ってくれたのは、「逃げ道」の存在だった。

逃げ道というと、後ろ向きなイメージをもつ人がいるかもしれない。
だが、苦しかったあの時代のぼくを支えてくれたのは「前向きな逃げ道」だった。
「いざとなったら明日辞めればいい」。これは当時、つらい時に必ず唱えていた呪文。
心が折れそうになっても、この言葉があるだけで気持ちがラクになった。

入社一年目の仕事は、ソニーミュージック札幌営業所での販売店営業。ＣＤや映像商品を地元のＣＤショップに売り込みに行くのが主な仕事だ。

当時のソニーは、ひと月に二〇〇タイトルほどの新作を発売していた。それを売り込むために、毎日、何店ものCDショップへ営業に回る。

会社からは「これらの商品に力を入れなさい」という指示がくる。

でも、ぼくは自分がいいと思うアーティストと作品しか本気で売り込めなかった。もちろん、会社がそんな新入社員を許しておくはずはない。

上司からは「なぜ会社の命令に従わない」と言われ続け、先輩にあごを小突かれて硬いものが噛めなくなったり。ついには陰湿ないじめに遭うように。

けれども、ぼくはスタンスを変えなかった。それは「自分が正しい」という確信があったからではない。単純に「変えられなかった」のである。

心からいいと思えない商品を、会社命令だからといって、「必ず売れるので、ぜひ、仕入れてください」と言えなかったのだ。

頑張ってそれを言葉にできたとしても、相手にはまるバレ。

「君、本当はいいと思ってないでしょ」と疑いの言葉をかけられると、目をそらすか、

「あ、はい……会社に言われていて……」と、つい口を滑らせていた。

メンタルが弱かったぼくは、自分自身と、目の前の人に嘘をつきながら働くというストレスのせいで、原因不明の咳が続き、軽い失声症にもなってしまう。正直にやっても嘘をついても、どちらも苦しい上に、成果も出ない。「それなら自分の心に正直に生きるしかない」という、消去法での選択にすぎなかったのだ。

そして、そんなことができたもうひとつの理由。

大学で英語の教員免許を取得し、ニュージーランド移住の夢をもっていたぼくは、本気でこう思っていたからだ。「先生になるか、移住すればいいんだ」と。

いま考えれば、それらは決して簡単なことではないのだが、実現可能かどうかなんて、その時は関係なかった。ただ、**「前向きな心の逃げ道=ポジティブ・エスケープ」をつくることで、ぼく自身が完全に壊れることを避けていた**のだ。

さらにぼくは、もうひとつの逃げ道をもっていた。それは、大好きなフライフィッシングに没頭し、大自然の中へ逃げること。

レコード会社時代、三回引っ越したが、その釣りを思う存分にやれる美しい湖、「支笏湖・本栖湖・芦ノ湖」まで、車で一時間以内の場所に毎回部屋を借りた。通いやすいことで、どんなに忙しくても湖に行けたため、精神的崩壊から逃れられたのだ。

さらに、湖でよく会う人と、「昨日はあの場所で釣れたよ〜」「最近はこのフライ（毛バリ）がいいよ」という、仕事とは関係ない楽しい会話をするだけで、驚くほどリフレッシュできたのである。

そしていつの間にか、フライフィッシングを通して釣り人たちの小さなコミュニティに入っていた。

会社員には転勤はつきもので、多くの場合、異動先には友達がいない。

すると、仕事や会社が生活の大半を占めるようになり、交友関係は社内や取引先といった、仕事関係者ばかりとなってしまう。

そして気付かぬうちに、仕事のストレスを発散する場が、彼らとの飲みの場での、グチ大会だけになってしまう。しかし、こういった飲み会でのグチの言い合いは、生産性も創造性もゼロでまったく無駄な時間となる。

当然、それは決して「ポジティブ・エスケープ」にもならない。

根本的なストレス解消にもならないことは言うまでもなく、深酒や夜更かしが伴うことで体を壊し、心の病にまで進行してしまう可能性すらある。

二年間の営業職の後、「メディア宣伝」兼「アシスタントプロデューサー」を二年、新人発掘を一年ほど務め、プロデューサーで独り立ちして約一〇年。

計一五年にわたって、熾烈な競争にさらされる音楽業界で仕事をやり続けられたもっとも大きな理由。それは、複数のポジティブ・エスケープという、精神的なセーフティネットの存在だった。

その結果、会社や取引先から、どんなに理不尽なことを強いられても、心が納得しないことは「NO」と言えて、「魂を売らず」に済んだ。

もちろん否定され続けるし、プロデューサー後期になって連続ヒットを出せるようになるまでは、社内での批判や、あつれきに常にさらされていた。

が、しかし。**新入社員の頃から一切、仕事で手を抜かなかったこと。周りに理解も賞賛もされないような、現場での小さなこだわりを、妥協せず貫き続けたこと。**それが、後にプロデューサーとしての大きな成果に結びついたと、いまだから言い切れる。

多くの会社員は、「評価が下がること」「給与が減らされること」「異動させられること」、そして「クビになること」が怖くて、もしくは「食うためにしょうがない」というもっともらしい言葉を理由にして、無茶な命令に対して無抵抗で、自分の信念を簡単にねじ曲げてしまう。

たとえそれが、自然環境や他者を傷付けることにつながるような、人の道を外れた業務であっても自分に「YES」と言い聞かせて、受け入れてしまう。

ぼくの場合、強靭な精神力や、自分に対する確固たる自信があったから、理不尽な押しつけに抵抗できた訳ではない。

自分の心に嘘をつく行為自体がもっともつらく、高ストレスだったため、単純にその選択肢を選べなかっただけだ。

そして、**会社という狭い世界、業界という閉鎖的な人間関係で、精神的に追い込まれないように、いつも外の世界に、「好きなことでつながれて、心許せるライトな人間関係」を確保していた**ことが助けになっていた。

さらに、前述の「逃げ道」をいくつか用意しておくことで、「それなら辞めます」と、いつでも本気で言える状態に自分をキープすることができたのである。

それでも何度も、過労とストレスで体を壊し、精神的にも危うくなった。崖っぷちには立ちつつも、複数のポジティブ・エスケープのおかげで、体と心は完全に破壊されず、ギリギリのところで自分を守り抜くことができた。

世界トップクラスの高ストレス社会となっている日本社会。

そんな過酷な現代を生き抜くために、「ポジティブ・エスケープ」は、ビジネスパーソンに限らず、学生や主婦、どんな立場でも関係なく、現代人にとっての、必須のサバイバルツールになりうるのではないだろうか。

Chapter
09 過去を振り返ってもいい

「自分自身を理解しようと努め、自分らしさを追求する人がアーティスト」

大学講義が終わった後に、ぼくのところに駆け込んで来る学生や、ぼくが学長を務めるオンラインスクール『ライフスタイルデザイン・キャンプ』の仲間にも、いつもこのメッセージを伝えている。

相談に来る、学生やコミュニティのメンバーは、迷っていたり、自分を見失ったりしていることが多い。

仕事や生活の悩みだけでなく、激しくいじめられた経験、親に虐待を受けたり、自殺を考えたことがあるなど、深刻なものも少なくない。

まずぼくは、「いまここに生きている段階で大丈夫」と言うようにしている。

「生きたくても、生きられなかった人」のことを考えると、命さえあればラッキーだし、ぼくが知る音楽アーティストのほぼ全員が、苦難の人生を歩んできているからだ。

そして、ぼく自身を含め、おそらく誰もが、大なり小なり、そういった「心の傷」を抱えているものだ。

子供時代や若い頃に受けた深いトラウマこそが、「その人らしさ」の根幹となっている。

傷ついた数だけ、その人のオリジナリティは深まり、それが強みとなる。

これは絶対だ。ぼくが約束する。

だから、その傷をなかったことにしたり、蓋をするのではなく、「まず受け入れてほしい」と話している。受け入れることが「克服の第一歩」だから。

そして、前［Ch08］の「ポジティブ・エスケープ」をもって生きることをすすめる。必ず、あなたにとっての「最良の逃げ道」があるからと。

そんな話の最後に、「あなたのなかに眠る、他の誰にもない〝自分らしさというアーティスト性〟を見つけ出してほしい」と伝えている。

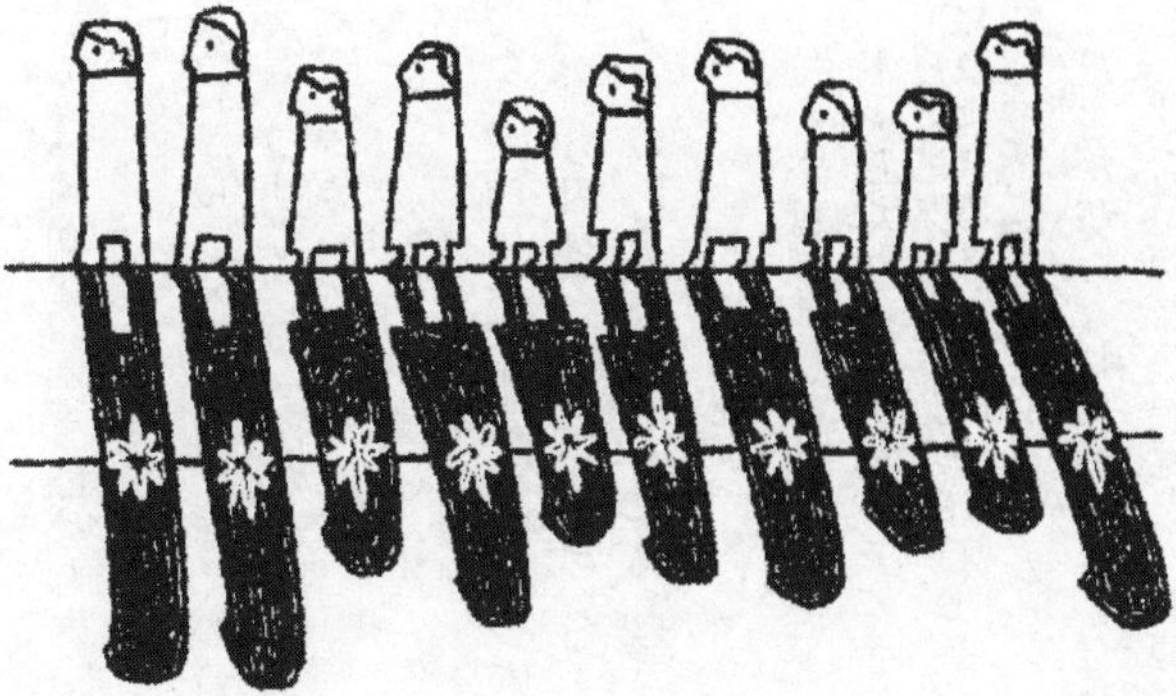

そして、自身の「絶対個性」とは何かを、突き詰めながら生きてほしいと話す。

それでも、どうしたらいいかわからない人には、ぼくが音楽アーティストたちに行ってきた「真のアーティスト性の見つけ方」の一部を伝えるようにしている。

重要な注意点は、必ず「ひとり」で行うこと。

余計なノイズを避けるために作業中はスマホやパソコンをオフラインにし、通知機能もすべてオフにする。つまり、自分自身の心と向き合える「完全なる孤独な時間＝アーティストタイム」を確保し、ノイズレス状態で行ってほしい、ということだ。

まず、人生でいちばん古い記憶までさかのぼり、そこから今日までの間に、「ドキドキした」「ワクワクした」「夢中になった」「楽しかった」ことを、一つひとつ思い出してみてほしい。

この段階で、「ないかも」「わからない」という人は、これまでの人生で「好き〝だったかもしれない〟こと」や、「やってみたいと〝思っていた〟こと」はなかったか記憶をたどってみるといい。

その中に必ず、「好きなこと」や「やりたいこと」、つまり〝あなた自身のど真ん中〟があるはずだ。まだ見えてこない人のために最後のヒントを。

「小さい頃から何となく気になっていたこと」「昔から心地いいと感じていた状態」といった、自分の内側にひっそりと眠っていた、小さくて、ささいな感覚や感情を、引っ張り出す努力をしてみてほしいんだ。

なにか出てきたら即メモにとり、リストにしていく。

ぼくはこのリストを「ルーツ・リスト」と呼んでいる。ずばり、あなたのルーツ（根っこ）、つまりあなたの本質を洗い出すためのリスト。

〔Ch07〕で紹介した「やりたいことリスト（ドリーム・リスト）」の作成に苦戦している人は、まずこちらを先に行うことをおすすめする。これは、「やりたいことリスト」よりも、さらにあなたの根幹、原点に迫るリストだからだ。

完成したリストを客観的にながめていると、心に引っかかるキーワードが浮き彫りになる。それをGoogle検索にかけて、さらにリサーチした結果、さらに興味が惹かれるようなら「当たり」。それがあなたのルーツのひとつかもしれない。

次にやるべきことは言うまでもない。見つけたそれに、手をつけてみること。つまり、「行動に移す」ということになる。

たとえば、詳しい人がいないか周りに聞く。そのジャンルの本や雑誌を買ってみる。専門店に行ってみる。概要が載ったパンフレットを入手してみる。講演やセミナーに行ってみる。それを行うために必要な服や道具をそろえてみる。

大切なのは「形から入ってみること」。これを否定する人も多いが、それこそが貴重な一歩。そして、最初の歩幅はなるべく小さい方がいい。

みんな、突然、無理して大きなことをやり出そうとするから、怖くなったり、面倒になったりして、結局、一歩も踏み出さないで終わってしまう。

あなたの「絶対個性の源」である「大好きだったこと」に、最初から出会えることもあれば、何度も試し打ちを続けていくうちに、「自分らしさの根」である「やりたかったこと」に対面できることもある。

あなたのルーツに出会えることで、あなたの中に眠っていた〝真のアーティスト性〟が目を覚ますことになる。

そうなると、誰かに「やりなさい」と言われなくても、自動的に動き続けてくれる「最強モーター」が、あなたの中で動き始める。

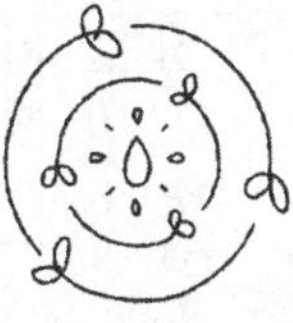

それは、「根性や気合」「競争心や野心」といった、体と心を蝕み、周りも不健康にするガソリンのような、すぐに枯渇してしまう燃料を必要としない。あなたにも周囲にも負荷をかけない「持続可能な自然エネルギー」だけで動き続ける、究極のクリーンモーター。

だからといって走り出してはダメ。ジャンプも禁止。小股でゆっくり歩くこと。勇気をもって踏み出す小さな第一歩こそ偉大なのだから。そして、やってみて違和感を感じたら即やめて次に行くこと。

答えは外ではなく、常にあなたの内側にある。つまり、これまで歩んできた人生に根付くルーツと、あなたの心の中にあるということ。

それさえわかれば、あなた自身を、人生を、自分の手に取り戻すことができるのだ。

Chapter 10

ひとりで頑張らなくていい

ぼくにとって**プロデュースとは、「アーティストの魅力を最大限に引きだし、そのありのままの姿をより多くの人に伝える行為」**。ここでは、ぼくのプロデュースワークを「内側」と「外側」というふたつの側面から解説したい。

「内側」とは、アーティストの内面に深く入り込み、彼らの魅力を探索しながら、彼らが自分らしくいられる環境を構築すること。

「外側」とは、彼らの音楽活動をサポートしながら、彼らの魅力をより多くの人に伝えるべく、ブランド戦略と宣伝戦術を組み立てること。

ここで絶対に間違えてはいけない原則がある。

それは、**必ず「内側」が先で「外側」が後**、というものである。

「自分は何者か」「何を成し遂げたいのか」「心からやりたいことは何か」といったアーティスト本来の姿や本当の想いを、彼ら自身が把握せずに、外の世界へ向かって表現活動を開始すべきでない、というのがぼくの持論だ。

そして、プロデューサーであるぼくが、そういった彼らの本質を理解しないまま外部の人に伝えようとしたところで、誰にも届かないのである。

「内側」では、「メンタリング」や「コーチング」といったセッション手法を用い、繊細で傷つきやすく不安定で、いつも自分に自信がない彼らに自己肯定感をもってもらうための言葉を投げかけたり——。

浮き沈みがある創作意欲を刺激したり、スランプから抜け出せるように導いたり、新たな挑戦に二の足を踏む彼らの背中を押したり——。

この「内側」にもっとも重きを置くスタイルこそが、ぼくのプロデュースワークの最大の強みとなっていった。ここで必要不可欠なのが、彼らとひとりの人間としてベーシックな信頼関係を築くこと。

それには最低一年、時に二~三年は必要となる。デビュー前にできれば理想だが、デビュー後もしばらくそのために時間を費やすことも多い。

ぼくがそこで大切にしていた、三つの流儀を公開しよう。

①彼らと接するすべての場面と現場で、照れず真っ直ぐに「大好き」「尊敬している」ということを、言葉と態度でしっかり伝えること。

②本気の愛情表現を続けることで、ぼくがレコード会社側の単なる担当者ではなく、彼らの「本物の味方」であると理解してもらうこと。

③彼らのことを心から「認め」「理解すべく努力」し続け、その姿勢を全身全霊で彼らに伝え続けること。

この「内側」に関しては、マニュアルもなく、誰かに教わった訳でもない。数え切れないほどの、現場での彼らとのやりとりを通して、少しずつ、体に刻み込むように学んできたとしか言いようがないのだ。

これが終わるとついに、見つけ出した彼らの魅力を「外側」へ伝える段階を迎える。その「外側」には、大きく三つある。

①アーティスト活動と作品の方向性を決める「ブランディング」
彼らの魅力を具体的な言葉に落とし込み、すべてのアーティスト活動と作品づくりの軸となる、数年は変えることのない絶対の指針「クレド」を決める。

それをもとに構築する「ブランドイメージ」を的確に表現し、正しく伝えるための「長期戦略」を立てる（最低二〜三年、時に五〜一〇年スパンで）。

②音楽とビジュアル作品を創る「クリエイティブ」
音楽とビジュアル制作の現場それぞれに、アーティストをサポートするクリエイターを起用してチームを編成する。チームを統括し、メンバー全員が「創造力」を最大限に発揮できるべく環境を整え、①で固めた「クレド」に則って制作を進行する。

③アーティストと作品を知らない人に伝える「マーケティング」
①で固めたアーティストの「ブランドイメージ」と、②で創った「作品」を、届けるべき人に届けるための短期的な「戦術」を考える（半年から一年スパン）。
それを「メディア露出、タイアップ、ＰＲ、広告、販売促進」に落とし込んで、社内スタッフと連携を取りながら、一つひとつ遂行していく。

当時の音楽業界では、この三つを複数人で分業するのが一般的だった。

しかし、ぼくは「頭脳はひとつの方が、一貫性が生まれる」という、独自のプロデュース理論をもっていたため、これら三つすべての統括責任者を担うというスタイルにこだわっていた（昨今では、これが主流に）。

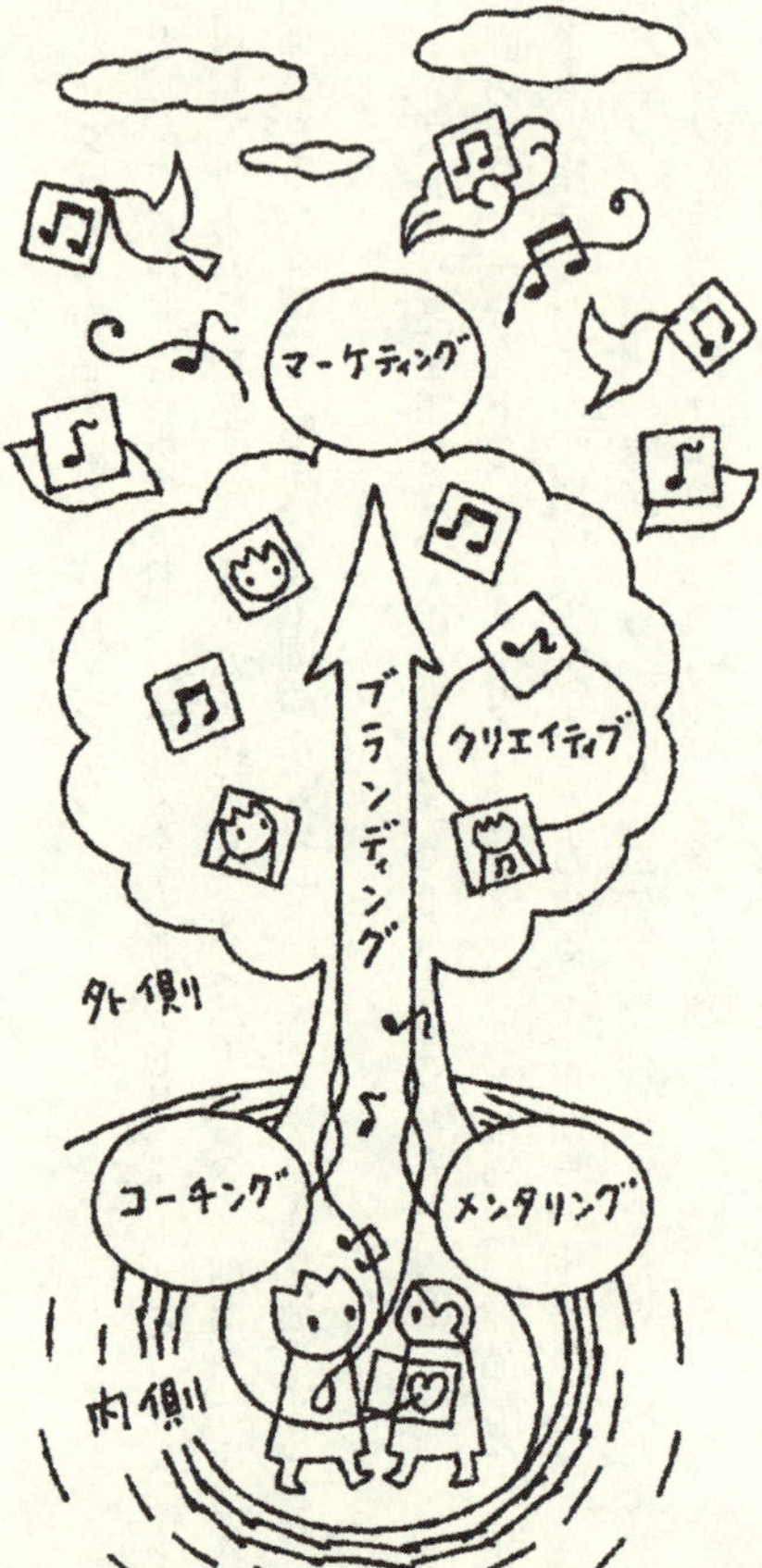

きっとあなたはこう思ったはず。「音楽アーティストには、プロデューサーがいていいな」と。でも、これは音楽の世界に限った話ではない。あなたの人生においても、同じだということに気付かれただろうか。

実はあなたの周りにも、プロデューサーがいるのだ。

もし仮に、前（Ch09）に書いた方法にトライしてみても、自分の好きなことや、やりたいことがわからなかったら、ぜひ「友達、親、先生、親戚、恋人、パートナー」といった、身近な人に「プロデュース」を依頼するといい。

ただ、誰が「本物の味方＝リアル・プロデューサー」かを見極める必要がある。ウヨウヨいる「味方を装う人＝ニセ・プロデューサー」に余計なアドバイスをもらってしまうと、より混乱をきたしてしまうからだ。

ヒントはさっきの「三つの流儀」にあるが、聞くべきは次の二点が合致する人の声だ。

①あなたのことを心から愛していること（主観性）
②あなたのことを認め、心から理解しようとしていること（客観性）

一見すると、親が①②の両方に当てはまりそうだが、残念ながら日本の場合、実は、②に当てはまらないことが多いので注意だ。

「あなたのことを思っての助言なのだから、言うことを聞きなさい」という言葉は正しそうだが、実は違う。残念ながらクリアしているのは①だけ。

愛情があったとしても、あなたへの理解がないと、どんなアドバイスも「押しつけ」になってしまう。これらの助言は、ほとんど役に立たないし、あなた自身をより見失わせてしまうことになるから、とても危険だ。

ここで、リアル・プロデューサーに対しての「魔法の言葉」を伝授しよう。

それは、「相談がある」ではなく、「私をプロデュースして」というもの。

その言葉を伝えた後、すかさず次の質問をする。

「私がいちばんキラキラしている時って、どんな時？　何をしている時？　何について話している時？」

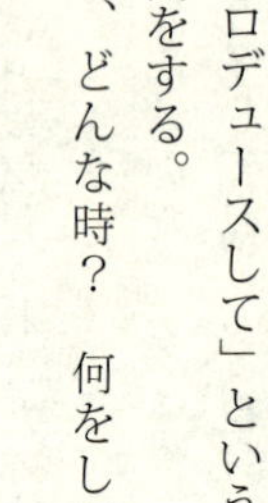

その答えは、「服を選んでいる時」「料理の話をしている時」と具体的な場合もあれば、

「カフェにいる時いい顔してる」「芝生の上にいる時に幸せそう」といった、あいまいな状態であることも多い。こういった、ささいなことに大きなヒントがある。

次の質問はこれだ。

「私にしかできないことって何？　私に成し遂げてほしいことって？」

相手は、こういった質問を受けたことは、ほとんどないはず。そんな戸惑いと沈黙に負けず、相手の眼を見つめ、答えが出るまで静かに待つこと。

もうひとつ重要なのは、最初に「プロデュースしてほしい」とお願いする際は、「事前にアポを取る」ということ。その時のポイントはふたつ。

「一週間以上先」にすること。「二時間ほしい」と伝えること。

毎日顔を合わす親、週に何度も会う親友に、たまたま一緒にいる時間の流れで、「ついで」のように先ほどの問いかけをしてしまっては意味がない。

日常的に会っている人からある日突然、「二時間のアポがほしい」と、改まった表情で迫られる。さらに当日、「プロデュースしてほしい」と真摯な目つきで相談されるこ

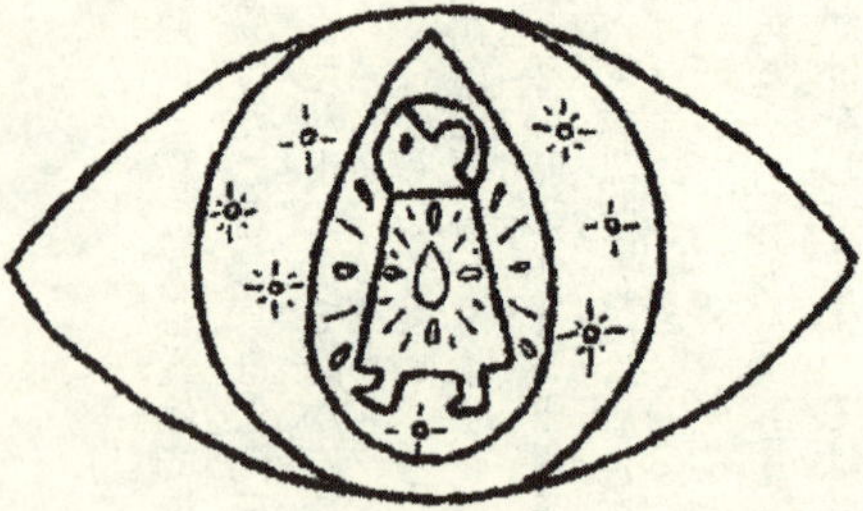

とで、相手にある種の「本気スイッチ」が入る。

それ以降、その人は「客観的な視点＝プロデューサー目線」をもってあなたを見ようとしてくれるようになる。つまりこれまであなたから何となく感じていたことを、意識レベルで理解でき、言葉にしてくれるようになるのだ。

結果、あなた自身も、自分のことがより見えるようになる。相手のあなたへの「理解」が進むと、あなたへの「愛」が、より深いものとなるから不思議だ。

「自分らしく生きる人生」とは、「周りと比べてこうしたほうがいい」「いまはこっちのほうが重宝がられる」といった、「外部との比較」や「市場リサーチの結果」みたいなことからは、絶対に生まれない。

たとえ周りから「得意だね」と評されることでも、あなた自身が「好き」「楽しい」と思えなければそれは違う。理由は簡単、前〔Ch09〕の「最強モーター」が始動しないからだ。

逆にあなたのプロデューサーから、「あの時楽しそうだったね」と言われて、自分の「好き」に気付けることもある（これは誰もが経験済みのはず）。

あなた自身がワクワクすることをやっていて、その姿が、プロデューサーの目にキラキラ輝いて見えれば、間違いなくそれが正解。

自分らしく生きることで、あなたの人生は初めてスタートする。

そのために、**あなたの周りに必ずいる、リアル・プロデューサーを見つけ出してほしい。そして、その「真の味方」と共に、あなたの内なる宇宙への旅が始まれば大丈夫。もう、あなたはひとりじゃない。**

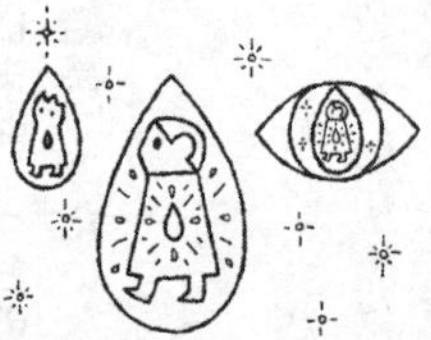

ここで、あなたもまた、身近な誰かのリアル・プロデューサーになれることに気付かれただろうか。そして、その人の「真のアーティスト性」を再起動できることを。

せっかくこの世に生まれたならば、誰もが、瞳を輝かせて生きるアーティストになってほしい。これこそが、ぼくが人生を賭けてやり遂げたいこと。

誰もがアーティストであり、誰もが誰かのプロデューサー。

そんな美しい世界をつくるために、あなたにも、ぜひ協力してほしいんだ。

第3章

仲間

Chapter 11
友達はつくらなくていい

ぼくは三〇代半ばまで、人とコミュニケーションをとることがストレスだった。小学生、新入社員の時と二度いじめられた経験から、人間社会が大嫌いで、なかなか人に心を開けない性格だった。

真の友を得るためには、自分を曲げて歩み寄ったり、こびを売るのではなく、自分らしく本気の姿勢を見せ続けるしかない。最初は冷たくされても、ひとつのことを全力でやり続けていれば、しだいに周囲にその熱い気持ちが伝わっていく。

そう教えてくれたのは、それまで日本人と接したこともなかった、プエルトリコの大切な仲間たちだった。

それは高三の時、父親の「大学受験どうするんだ」という（まともな）反対を、英語を学ぶためという「表の理由」で押し切って決行した、一年間の留学でのできごと。

ぼくが最初に住んだのは、米国中西部に位置するイリノイ州の田舎町。念願の留学生活が始まったものの、その街の雰囲気は、どことなくしっくりこない。裕福なエリアで、毎年留学生を受け入れていることもあり、みんなフレンドリー。けれど、いつもどこかお客さん扱い。

何をやっても褒められ、ダメな英語にも「いいよ、いいよ」と言ってくれることが、逆に居心地が悪かった。

だがその後、同じイリノイ州にある大都会、シカゴ市の真ん中に引っ越すことに。そこは、スラム街まですぐというエリアで、プエルトリコ、メキシコ、ドミニカ共和国といった、米国ではマイノリティである中南米人の地区だった。

そして通う高校は、シカゴで二番目に危険な学校と言われていた。

治安が悪いため、校舎は高さ三〜四メートルのフェンスで囲まれ、外部の人間が立ち入れないような厳重なつくり。麻薬取引をする不良グループ同士の抗争が校内であるため、日に二度、拳銃をもった警官がパトロールに来ていた。

しかしぼくには、その高校が居心地良く感じられた。

なぜなら、留学生だからといって特別視するような雰囲気は皆無。

ぼくの英語がまずいと、「は？　何言ってるかわかんねーよ」と平気でバカにされたり、不良グループに絡まれたり、ロッカーが荒らされたり。

お客さん扱いどころか、かなりラフな扱い。

普通は、上っ面だけでも優しくされるほうがいいのかもしれない。でもぼくは、対等に扱われること、ダメならダメなヤツとはっきり言われるほうが楽だった。

そして実は、もうひとつ留学したかった「裏の目的」があった。

それは、先輩と大げんかをして部活をやめたことで、できなくなっていた大好きな野球に、もう一度挑戦したかったというもの。

悲しいことに、日本の高校では、部活をやめてしまうと、そのスポーツに打ち込むチャンスを失ってしまう。

引っ越し先の高校の野球部に入るべく、さっそく入部テストを受けると、無事に合格。

しかし、入部してすぐに、ぼくは完全に浮いた存在になっていた。

ほかの部員は全員プエルトリコ人。友達ができるどころか、チームにまったくなじめず、誰も口をきいてくれないありさま。

でもぼくは、誰よりも真面目に、一生懸命に練習に打ち込んだ。

数カ月後の初試合で、ぼくは先発メンバーに選ばれた。ポジションはファースト（一塁手）で、打順は六番。

だが発表の瞬間、「え、なんでコイツが！」というブーイング。しかし、監督がそれを静め、ぼくは試合に出ることになった。その初試合は、お互いのチームのピッチャーが好投し、「0対0」が続く白熱した試合展開に。

そして、ぼくの三打席目。フェンス直撃の大きな当たり！

多くのアメリカの選手は、大きな当たりを打つと打球の行方を目で追うクセがあるため、一塁までは全力疾走しない。

しかし、ぼくは、小学生から続けてきた「日本式野球」を実践し、最初から全力で走り、二塁を回り、最後は三塁にヘッドスライディング！

顔も口の中も砂だらけ。奥歯で砂を嚙む、ジャリッというい やな音が響く。

判定は、セーフ。ベンチを見るとさすがラテンの血、全員がお祭り騒ぎ。

次のバッターがヒットを打ち、ぼくはホームベースをしっかりと踏みしめた。ベンチに戻ると、ハイタッチやハグやらでもみくちゃに。そしてそのまま、チームの打線に火がつき、みごと勝利を収めることができたのだ。

その試合以降、それまでの険悪な雰囲気はなんだったのかと思うくらい、「おまえはオレのブラザーだ！」と認めてもらえるようになった。

試合を重ねて信頼関係は厚くなり、家族のようなつきあいに。ぼくは再び野球ができる喜び、こんな異国の地で、「本物の仲間」を得た喜びをかみしめていた。

チームはそのまま勢いに乗り予選を突破。本戦でも勝ち進み、学校史上初の準決勝へ。「奇跡」と言われ、新聞社から取材が来るほど注目された。

いよいよこれに勝てば決勝戦、メジャーリーグ「シカゴ・カブス」の「リグリーフィールド」という、夢の球場で試合ができる切符を手に入れる、大切な試合を迎えた。

しかし、その試合でぼくは、大事なチャンスに何度も打席が回ってきたのに、一本のヒットも打てず、すべてのチャンスをつぶしてしまったのだ。

「負けたのはおまえのせいだ」と言われても、何も言い返せない状況。

だが試合後、誰ひとりぼくをとがめることなく、「しょうがない！　みんなでホットドッグでもやけ食いだ～」と、さっさと帰り始める。

そんな中、ぼくはたったひとりグラウンドを動けず、号泣していた。

「負けたくらいで男が泣くな、ダセェぞ」と相変わらず口が悪い。

なぜこんなに涙が出るのか自分でもわからずにいたが、ふと気付いた。

「よく考えたら、今日負けたから、オレ、もうおまえらと一緒に野球できないんだよ。来シーズンは日本に帰ってる。それが悲しいんだ」

こらえきれずにそう言うと、いきなり、周りがシンとなった。


驚いて顔を上げると、さっきまでバカ話をしていた仲間たちが、いつも陽気なヤツらが、その場に立ちすくみ、全員が泣いていた。

その光景はいまでも、ぼくの心のとても大事なところにある。

Chapter 12
味方はひとりいればいい

数々のヒットを創出してきたぼくの業績を見て、「最初から大プロジェクトの担当だったんだ」と勘違いしてしまう人は多い。

これは、テレビなどで活躍するアーティストを、「この人は、最初からビッグだったんだ」と、無意識のうちに思い込んでしまうのと同じ。

でも、当然、誰もが最初は「無名の個人」。そんな彼らが、努力を重ねた結果が、あなたがメディアやステージで見る姿なのだ。

「生まれつきスーパースターなんて人は、地球上には存在しない」

なぜか多くの人が、このあたり前の事実を忘れていて、「俺なんて普通だし」「私は特別な存在ではないから」と、自分を卑下してしまう。

じゃあ、ぼくがどうやって、ビッグプロジェクトを率いるようになったか。

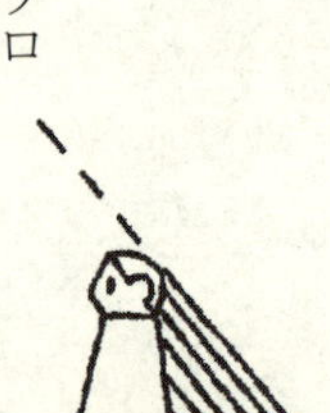

話は、孤独なダメ社員だったソニーミュージック札幌営業所時代に戻る。

実は、ひとりだけ味方がいた。営業の若いアルバイトさんだ。

ぼくが個人的に推す作品の一部を応援してくれたのだ。とはいえ、その子が担当するお店の規模は小さい。それでも、ぼくにとっては精神的に大きな助けになった。

そのアルバイトさんはミュージシャンだったこともあり、部内で「音楽的なセンスがいい」という評価を得ていた。そんな人が「このアーティストはいい」と公言することで、徐々に周りの反応は変わっていった。

その後、同所内の宣伝部の先輩が、「おまえはどうしようもないヤツだな」と言いながらも、ぼく推しの曲をプッシュしてくれるようになった。

さらに、担当していたレコード店でも同じことが起き始めた。

必死になって、自分がいいと思ったアーティストや作品をプッシュし続けていると、ある小さなお店のアルバイトさんが「ちょっと目立つところに置いてみましょうか」と、言ってくれたのだ。

営業が苦痛だったぼくにとっては、その人の存在は小さな光。毎朝、ベッドの中で「会社いやだな……」「仮病で休もうかな……」と、ギリギリまでウジウジ。

でも、「あの店員さんに会いに行こう」と思うことによって、起き上がって玄関を出る小さな勇気がわいてきたのだ。毎日そのお店に通うようになり、いつの間にか、その小さなお店全体がぼくの味方となった。

さらにその後、その方が他のお店に「四角くん推薦の作品、意外にいいよ」と言ってくれることで、味方が他店に広がるようになったのである。

入社三年目に、東京本社勤務となり、「メディア宣伝」兼「アシスタントプロデューサー」担当になってからも同じだった。

やりとりする人の数も、業務量も爆発的に増えて仕事はさらにつらくなり、襲いかかるストレスは限界値を超えていたが、支えはやはり「ひとり」の味方。

振り返って気付いたが、ぼくは無意識のうちにいつも「味方探し」をしていた。

過酷な仕事で心が壊れそうな時、社内で見つけた心優しい味方、アルバイトさんや、パートのおばさんと話すだけで気が楽になった。「あんな下っ端と仲良しになってどうする」と、時々ヒドいことを言われたが、そんな風に考える人間は最低だと思った。

社外でも同じ。見つけ出した「ひとり」のところにひたすら通い続けるという、営業時代と同じ愚直な行為を、ひたすら繰り返していた。テレビ局でひとり、ラジオ局でひとり、雑誌社でひとり、広告代理店でひとり、と。

社外でも社内同様に、一般的なセオリー「決定権をもっている人」といったことは関係なく、「優しい」「気を遣わない」「ただ好き」という理由だけで人を選んでいた。そうすると同じように、その「ひとり」が起点となって、また少しずつ、その輪が広がっていくようになったのである。

プロデューサーとして独り立ちしてからも、「同じ手法」を使い続けた。人付き合いが苦手だったため、それしかできなかっただけなのだが、そんな「たったひとり」から始める手法を一〇年近く続けているうちに、それが、いつの間にかぼくの最大の武器となっていた。

アーティストを売り込むメディアなどを、「ひとつの組織」と捉えるのではなく、「その中のひとり」を見つけて、とにかくその人だけに会いに行く。

大切なのは「会社対会社」ではなく、「人対人」という、根本的かつあたり前のことを、意図せずにやっていたことになる。

今思えば、「ただの仕事」として広く浅く、たくさんの人の協力を得るよりも、**最初はひとりでいいから、心から本気になってくれる人と一緒に始めるほうがうまくいく**と、本能的にわかっていたのかもしれない。

そして、奇跡が起きたのはその数年後。

各所にいたその「ひとり」、当時は権限ゼロだった「味方」の数名が、番組のブッキング担当や、決定権のある役職に昇格し始めたのだ。このことから（人間嫌いのぼくが心許せるほど）寛容で優しい人というのは、必ず上に昇るんだと知った。

だが、そういう立場になると突然、多くの人がその人に群がり始める。だが、ぼくはたまたま、彼らがそうなる前から信頼関係を築いていた訳だ。

プロデューサーとしての後期、「このアーティストのために、残りのプロデューサー人生を賭けよう」と心に決めて全精力を費やした、ある無名の女性シンガーが、ブレイクするきっかけを作ったのがまさに彼らだった。

「味方はひとり」という信念は、ぼくが得意とするメディア攻略における中核を担う「一点突破」という戦術にもつながってくる。

大きく「あのラジオ局を攻略」ではなく、「月曜から金曜まで毎朝放送しているあの帯番組を攻略」。その中の「水曜日のあのコーナー」ではなく、「そのコーナーを担当するあのディレクター」。このように、アーティストを売り込む時には、必ず「最後のひとり」まで、細分化してPR戦術を立てていた。

仕事に限らず、人生でも同じ。**本当に必要なのは、「多数のなんとなく仲のいい人たち」ではなく、心から信頼できる「ひとり」**であることを、ぜひ知っておいてほしいんだ。

Chapter 13
えこひいきをしてもいい

仕事をしていると、多くの人と関わるようになる。一度会っただけの人。何度もやりとりをした人。名刺はどんどん増えていく。その膨大な人間関係を把握しておくために、音楽の新人アーティストの売り込み活動を始める時には、必ず「アタック・リスト」をつくっていた。それは、新人を売り込みたい業界のキーパーソン全員を、リストアップしたもの。

そしてそこに、ぼくのプレゼンを受けた、テレビ、新聞、雑誌、WEB、ラジオ局、広告代理店などの関係者たちがどういう対応をしたか、一つひとつの態度や発言を細かくメモしていく。

さらに、番組や誌面で取り上げてくれたか、どう扱ってくれたかの詳細と日時を、パソコンソフトのエクセルでつくったそのリストにどんどん書き込む。

同僚はそれを「怨念のリスト」と呼び、おののいていた。だが、こんなリストを作っていたのには、大きな理由がある。

それは、売れる前の音楽アーティストを取り上げてくれた人と、何もしてくれなかった人とを、線引きするためなのだ。

まったく無名の新人を売り込む際、大半の相手が否定的な態度をとる。

たとえば、ぼくがプロデュースした、ミリオンヒットを二回たたき出した女性シンガーも、ランキングで何度も一位を獲得した女性ロックシンガーも同じ。

彼女たちが無名時代にぼくが行った、キーパーソンへの「プレゼン行脚」で肯定的な言葉をかけてくれた人は、一割に満たなかったのだ。

でも、慎重になるのも無理はない。

知名度ゼロのアーティストに、番組の枠や誌面、タイアップを提供する行為には、大きなリスクがともなうからだ。もし、そのアーティストがダメだったら、割いたスペースや時間は無駄になるし、番組の視聴率や雑誌の売れ行きといった、「数字」の足を引っ張ることになる。ちなみに言っておくと、社内での応援者はもっと少なかった。

一方、アーティストが売れてからは、扱う側にリスクはない。一度ブレイクしてしまうと、さまざまなオファーが殺到するようになる。

だからこそ、無名時代にリスクを一緒に背負ってくれた人と、人気が出た後にリスクなしで仕事をする人を、一緒に扱ってはいけないと思ったのだ。

無名の時に取り上げてくれた人のなかには、「このアーティストのよさはわからないけど、あなたを信用しよう」と言って、ぼくに賭けて全面協力してくれた人もいた。

そんな「恩人」たちから、アーティストが売れた後に「力を貸してほしい」と言われれば、どんなに小さい仕事であってもできる限り恩返しするように努めた。

上司から「そんな仕事を受けて、意味あるのか？」と言われても、徹底的にえこひいきをした。周りからは「何の得がある？」と不思議がられたが、ぼくにとっては、「人としてあたり前のこと」をしているだけにすぎなかった。

逆に、デビュー前のぼくのプレゼンを無視したり、否定的な言葉を口にしておきながら、売れた後突然「笑顔」で寄ってくる人も「社内・外」関係なく多数いた。たとえその相手が、自分よりも立場が上であろうと、大きな権力をもっていたとしても、当然態度は変えない。気持ちの上で必ず一線を置いて接しつつ、感情が外に出ないよう、必ず笑顔で対応した。言葉にもトゲがないよう、可能な限りクールな対応に徹した。

どんなビッグアーティストでも必ず数度は直面する、**「低迷期」にさしかかった時、後から乗っかってくる人のほぼ全員が、再び冷たい態度をとる**ものだ。

逆に**「恩人」たちは、知名度や売上に関係なく応援し続けてくれる。**

こういった理由から「あたたかい心をもつ恩人」と「ビジネスライクでドライな人」は明確にすべきなのだ。そのためのアタック・リストだ。

そんなアタック・リストを活用する、ぼくの徹底した態度におそれをなした社内及び業界関係者たちは、ぼくに対して一定の緊張感をもつようになった。

次にぼくから無名の新人のプレゼンを受けた時、「もし、ここで安易な対応をすると、この人は一生忘れないから気をつけないと……」という覚悟で、ぼくと、アーティストの作品と対峙してくれるようになったのだ。

つまり、アタック・リストは、かけがえのない存在であるアーティストを守る「砦」のような存在になったのである。

えこひいきしてなにが悪い。

心を込めてリスクをとってくれた人には必ず、堂々と恩返しをしよう。

まるで遠い昔のおとぎ話のように聞こえるかもしれないが、これはすべて億単位の大金が飛び交うショービジネスにおけるリアルストーリー。

利潤最優先、経済至上主義が横行する現在においても、人間社会で大切にすべきことは、大昔からそんなに変わっていないのだ。

Chapter 14 ライバルはいなくていい

同僚が大きな成果を出したり、同業者が大成功を収めた時、あなたはどうする？
羨ましがる、悔しがる、陰口を言う、ひとりで頑張る……。
そんな時ぼくは、思い切って、その人を訪ねるようにしている。

プロデューサー時代、「これはスゴい」と思うアーティストのブランディング戦略やマーケティング術を見たら、社内外関係なく、年上か年下かも関係なく、それを仕掛けた人にアポをとり、「教えてください」と頭を下げ、「これは実際、どうやったんですか？」と、ストレートに質問していた。

音楽業界では、ほかのプロデューサーにやり方を聞きに行く人は、ほとんどいない。ある意味、御法度。ぼくはかなりの変わり者だった訳だ。

レコード会社のプロデューサーというのは、会社員でありながら、それぞれが独立して動く個人商店のようなもの。誰がどのくらい売り上げているかもわかり、常に比較されて競争にさらされる。同僚であってもライバルゆえに、暗黙のルールとして、貴重な情報を開示することは基本なかった。他社であれば、なおさらだ。

でも、ぼくは周りのプロデューサーたちを「ライバル」として見たことは一度もなかった。むしろ「メンター＝師匠」だと思っていた。

誰もが、ぼくにはない独自の哲学とプロデュース方法をもっている。ライバルどころか、彼らこそ、深い教えをもたらしてくれる最高のメンターなのだ。

この「直接アポ作戦」を通して知った真理がある。それは、相手が超一流の「本物」であれば、快くすべての話を聞かせてくれるということ。

そして、この行動を続けているうちに、さらに気付いたことがある。「学べる人」というのは、実は、身近なところに想像以上にたくさんいる。そして、メンターをひとりに絞る必要はない、ということ。

完全無欠な人間なんて存在しない訳で、誰もが固有の欠点と長所をもっている。そんな「誰かひとり」を完全崇拝することは、とても危険だからだ。

「この部分はあの人から」「あれに関してはこの人が参考になる」という具合に、自分にとって「見本となる部品」を拾い集め、それらを自分なりにカスタマイズした上で、自分自身にインストールすればいいのだ。

実際に、ぼくが確立した独自のプロデュース術も、いま各プロジェクトに提供しているブランディングのノウハウも、そうやって集めたパーツの集合体。

たったひとつでも学ぶことがあったら、その人はあなたの立派なメンター。

つまり、あなたの周りにいる全員が、実はメンターになりうる、ということになる。

最後にひとつつけ加えておくと、ぼくは「教えてほしい！」と勇気をもって飛び込んでくる人がいたら、出し惜しみせず答えを返すようにしている。

それが、これまで出会ってきた、徳が高く器の大きい超一流メンターたちへの、間接的な恩返しになると思うからだ。

そして不思議なことに、そうすればするほど、さらに素晴らしい教えや情報を与えてくれるメンターたちとの出会いに恵まれるようになる。

「何か」を手放すと、必ずもっと大きな「何か」が巡ってくる。実は世の中は、人が考えるよりも、ずっとシンプルな原理で動いているのだと実感する。

ライバルは必要ない。パーフェクトな師匠も必要ない。

どこか一点、強烈な魅力や強みをもつ「身近なひと」を探すことから始めよう。そしてそれは、あなたのすぐ隣にいるものだ。

ちなみにぼくの場合、教えを請う相手に所属、性別、年齢は関係ない。

先輩の大ベストセラー作家や超優良企業の経営者から、無名の高校生起業家やぼくのところで働く学生インターンまで、彼ら全員が、貴重な先生たち。

お金を払って、コンサルを受けたり、ビジネス書を買ったり、講演やセミナーに行ったりするのもいいが、実は、あなたが日々すごしている現場でこそ、多くの学びを得られるということを、ぼくは伝えたい。

Chapter 15

友達と仕事をしてもいい

ぼくはこれまで、プライベートと仕事の垣根を超えた信頼関係を築いた親友と、いくつものプロジェクトを一緒にしてきた。

「友達」とは仕事をしない方がいいと、昔よく言われた。
おそらくそれは、「仲良しこよし」で仕事が進んで、仕事の精度が低くなったり、〆切が守られなかったりするなどのイメージがあるからだろう。

しかし本当は、そうではない。

親友だからこそ、中途半端なことはできないという緊張感が強くなる。

ごまかしが効かないほど相手を知り尽くし、心から信頼し合っているからこそ、質も高く、規模も大きな仕事をすることが可能となる。

プロデューサー中期に担当した、男性ボーカルデュオの、ある飲料水のCMタイアップで、ぼくは大手広告代理店コピーライターのSという男と出会う。お互いピンと来たようで、その仕事が終わった後、交流を重ねていく。

どんどん仲良くなって、ついにはお互いを親友と呼び合うようになり、数々のプロジェクトをともにするようになった。その中で忘れられない仕事がある。それは、ぼくがニュージーランドに移住する前の年のこと。

出会った頃はお互い三〇歳前後、ぼくは、初めてアーティストをブレイクさせられた頃で、ヒットプロデューサー駆け出し。彼はコピーライターとして一流クリエイターの仲間入りをしつつある時期だった。

その後、数年間にわたって、お互いを引き上げ合うような、複数のプロジェクトを一緒に手がけてきた。

三〇代後半、ぼくは連続ヒットを記録してより多くの決定権を手にしていた。彼は、海外の広告賞をいくつも獲り、数々の大型プロジェクトを成功させるなどし、いよいよ広告キャンペーン全体を統括するように。

そんな彼にとって過去最大のプロジェクト、ある大手企業の、超大型ＣＭタイアップを、ぼくとやりたいと誘ってくれたのだ。

ぼくは当然、担当していた業界トップの女性アーティストの、いちばんの勝負曲をＣＭソングにすると約束。彼のそのＣＭプロジェクトは、その年ナンバーワン規模。

もし決まれば、親友同士の「ベスト」を出し合う、最高のコラボレーションが実現することになる。

だが実際は、ふたりだけで進められるような、簡単な話ではない。

お互い、社内外に数百人の人たちが関わる大きなチームの中枢にいた。ぼくらとは直接関係のないところで、多数の人が、複雑なしがらみを抱えている。大きな決定に関しては、慎重を期して、何重もの行程を経ないといけない。

そういった事情があり、ぼくが途中で、「ＹＥＳと言ったが、ひっくり返さざるを得ないかもしれない……」と頭を下げたり、彼から「約束と違い、曲を採用できなくなるかもしれない」と泣きが入ったこともあった。

「これは、もう無理だな……」という状況に何度も陥った。プロジェクトが巨大すぎて、これでもかというくらいに、たくさんの壁がぼくらの前に立ちはだかった。

それでも、お互いが全力を尽くし切れば、絶対に結果を出せると信じる気持ちと、大切な親友と最高の仕事がしたいという想いが、ぼくらの背中を押した。

しかもこれが、ニュージーランド移住前、ぼくの最後の大仕事になることがわかっていたので、お互いどんなことがあっても決してあきらめなかった。

そして約一年間にわたる、気が遠くなるほどの紆余曲折を経て、ついに、やり遂げることができたのだ。

これまで以上に、お互いのアウトプットやクリエイティブワークに対してのダメ出しは厳しかった。激しい議論になることもあった。

でも**親友だけに、相手の本気を理解した上で、作品をさらに良くするために意見をぶつけ合っていることはわかっていたから、決して遺恨を残すことはなかった。**

それまでも、彼とは何度かの仕事を通しての「磨き合い」を経て、業界内でも人生でも、お互いを高め合い、ステップアップしてきたことも大きかった。

「社会に出ると利害関係が生まれて本当の友達はできない」と、よくいわれる。

しかしぼくは、社会に出てからのほうが、Sを含む数人の、単なる友達を超えた「真の友」を得ることができたのである。

むしろ最高の人間関係を作ることができるのは、社会人になってから。

この大切なことを、ひとりでも多くの人に伝えたくて、この話を書いた。

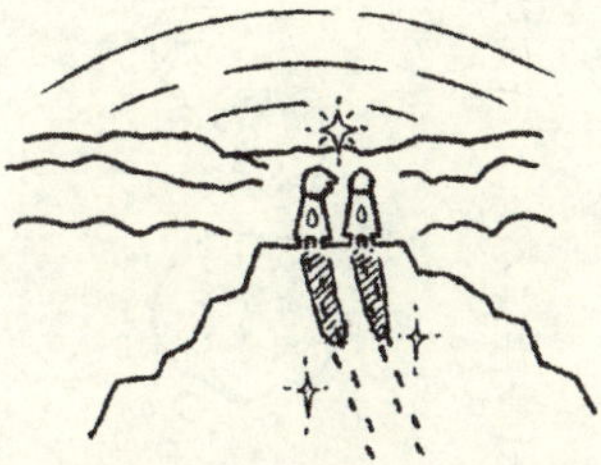

Chapter
16 空想から始めていい

誰を「最初の味方」にするか、で人生は大きく変わる。

前〔Ch15〕に登場した広告代理店勤務のSが存在してくれたおかげで、ぼくは仕事で大きな成果を挙げられるようになった。

彼と仕事の現場で意気投合して以来、どちらかが「これは！」というアイデアを思いつくと、最初に相談し合うようになった。そういうやりとりを経て、いつしか親友のような関係になっていったのだ。

ただ話を聞いてくれて「いいね！」と背中を押してくれるだけで大きな自信になるし、「こういう形もいいんじゃない？」と、提案をくれたりすると、その思いつきは企画として一気にバージョンアップする。気が合うだけでなく、音楽と広告と、業界は違ったが、お互い「何かを創り、たくさんの人に届ける仕事」をしていたことで、具体的なア

ドバイスをし合える点がとても大きかった。

ぼくがニュージーランドに移住する二年前のある日、彼は壮大な構想、妄想と言っていいほどの思いつきを聞かせてくれた。あの時のことは、はっきりと覚えている。

その話を聞いたのは、会社の近くにある地下のカフェ。彼は、「世の中の女性がよりキレイになるような、そんなプロジェクトにしたいんだ。一緒にやらないか！」と突然、言い出したのだ。

「やろう！」、ぼくは即答。もちろん根拠なんてない。

ぼくらはいつもこんな風に、周りがドン引きするほど暑苦しく語り合っていた。

その後ふたりで一緒に、汗と涙を流し、時にぶつかりながら併走した結果、大量に放映されたＣＭと全国規模のメディアジャックを通して、ぼくたちの想いを日本全国津々浦々まで届けることができた。

「あのＣＭを見なかった人も、あの曲を耳にしなかった人もいない」と言われるほど。

さらにスゴいことが。後にアジア各国でも放送されることになったのだ。

人生最大にして、最高のコラボレーション。

でも、そのプロジェクトのスタートは、彼ひとりの妄想に近い思いつき。

それをまず、彼にとって「最初の味方」であるぼくに、話をしてくれた。あの瞬間こそが、あの巨大タイアップに向けての第一歩となっていた。


ここで、もうひとつ伝えたいことがある。

どんな大きなプロジェクトであろうと、必ず「ひとりの思いつき」から始まっている、ということを。

もしその思いつきを誰にも話さないでいると、当然、実現化の可能性は「ゼロ」。それは単なる思いつきで終わってしまう。

でも、それを「誰かひとりに話すこと」で、可能性は、数倍どころか、数十倍、数百倍になるのだ。

最初から時間とお金をかけて、立派な企画書を作り上げ、一気に大人数にプレゼンをして、いきなり大多数の味方をつける、というような話は幻想にすぎない。

「いちばん最初に誰に話すか」。これこそが、もっとも重要なのだ。

そういった**個人の最初の思いつきというのは、妄想に近かったり、無謀だったりする。**

でも、この「空想力」こそが、人間の創造性の源であり、無限の可能性を生み出す宝のような存在。だからこそ、実現化が難しくて当然なのだ。


でも、「自分で経験していないこと、想像できないことはすべて否定」という「ドリームキラー」と呼ばれる人に最初に話してしまうと、即否定され、そのアイデアは殺されてしまう。

彼らは決して「人間の空想力の素晴らしさ」を理解できない。そして、日本にはこのドリームキラーがたくさんいるから、細心の注意が必要だ。

必ず最初は、本当の「味方」と思える人に、話そう。

その「味方」から応援の言葉をもらうだけで、「やれるかも」という前向きな気持ちになれる。もし、一緒に頑張ろうと言ってくれれば百人力だ。

ひとりの思いつきは、「もうひとり」の知恵と協力が加わるだけで、「単なる空想」では終わらず、「リアルなプロジェクト」と化す。

そしてその空想は、あなた自身やその味方を通して、また別の「ひとり」、また「ひとり」へと伝播し、着実に広がっていくのだ。

あなたが大きな結果を出せるかどうかは、正しい「ひとりの味方」を見つけ出し、最初に相談することができるかで決まる。

そして実は、ぼくが担当してブレイクしたすべてのアーティストが、デビュー前に社内で猛反対を受けた。同様に、ぼくが実現したニュージーランド移住や、場所の制約を受けない働き方に関しても、最初、「そんなの無理」と言われまくった。

これらも、ぼくの頭の中で生まれた「空想」や「妄想」が始まりだったが、必ず、最初に応援してくれる味方がいた。彼らには、今でも心から感謝している。

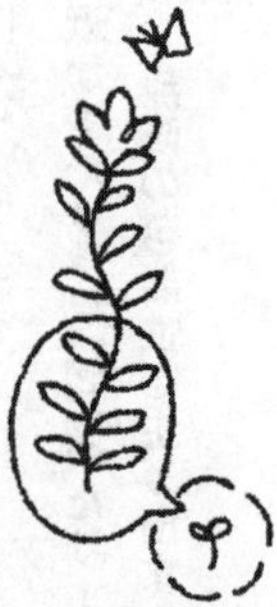

第4章

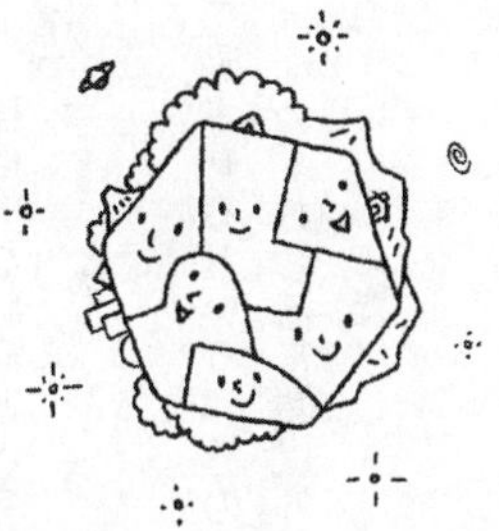

共創

Chapter
17
イビツなままでいい

テレビに映るトップアーティスト。圧倒的な歌声とパフォーマンス。

彼らが、「完全無欠」のごとく見えたことはないだろうか。

たしかに彼らには、音楽で人を感動させるという「その人にしかできない能力」がある。しかし、彼らは決して万能ではない。むしろ音楽以外のことに関しては、実はぼくらよりも、ダメな部分をたくさんもっているのだ。

では、なぜ彼らは輝いているのか？　それは、彼らが圧倒的に「イビツ」だから。

「自分にできること」と「自分にはできないこと」を把握し、その事実を受け止めた上で生きているからだ。

さらに、自分のダメな部分を周りにちゃんと伝えて、不得意なところを補ってくれる人を見つけているからなのである。

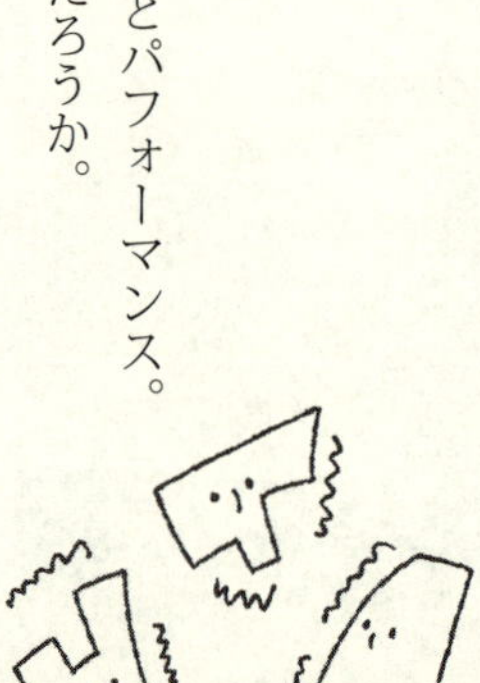

音楽アーティストのクリエイティブチームは、大人数で構成される。アーティストが自分でできないことを補完するスタッフやクリエイターを、プロデューサーが集めてチーム編成しているのだ。つまり、完全な「分業制」。

社会に馴染まず、引きこもって幼少期から数千本の映画を観てきた映像作家が、ミュージックビデオを創る。

昔からファッションが大好きで勉強嫌い、高校を中退してスタイリストになった元不良が、アーティストの服を選ぶ。

歌えない踊れない、楽器も弾けないプロデューサーのぼくが、アーティストにとってベストな創作環境を整え、作品を多くの人に届ける仕事に集中する。

そして、音楽に人生を賭けるアーティストが、素晴らしい歌を生み出す。

そんな、得意・不得意がバラバラな「イビツな人たち」を集めてチームを構成し、それぞれが得意なことだけに集中する。

そうすることでアーティストは、彼らの「最高能力」である音楽に集中でき、そのパフォーマンスはより高まり、驚くほどキラキラし始めるのだ。

そして言うまでもなく、他のメンバーにも最高能力を発揮してもらう。

ぼくが知る限り、長く成功を続けるアーティスト・プロジェクトはすべてこの「イビツなメンバーが集まる完全分業型」だ。

もし、万能神のごとく輝くアーティストを目にしたら、短絡的に「孤高の天才」としてとらえるのではなく、「チームワークによってイビツさを磨きあげた存在」という視点で見てみてほしい。

そしてぜひ、同じ目線で、あなた自身の「イビツさ」とは何かと、見つめ直してみてほしいんだ。

まず、**自分の得意、不得意を知り、勇気をもってそれを認める。**

その自分の不得意を修正しようとせず、得意なことに集中してみる。

同時に、「自分の得意と不得意はこれだ」と怖がらず公言してみよう。

そうすると必ず、あなたの弱点を補う仲間が現れるようになる。外に発信しないと、永久にその仲間たちには出会えないのだ。

人は誰もが、元々はパズルのピースのようなイビツな形をしている。

デコボコが矯正された丸い形では、ほかのピースとくっつけないし、隙間を埋め合うこともできない。つまり、パズルは完成しない。凸と凹の両方が必要で、地球上にひとつとして同じ形は存在しない。

だからこそ、お互いつながり、補い合うことができるのだ。その結果として、美しく壮大な一枚のパズルが完成する。

それこそが、人類が目指すべき理想の姿だと信じて、ぼくは活動している。

生きるとは、一生をかけてあなただけの「本来のイビツな形＝あなたの内に眠るアーティスト性」を磨き続けること。周りの目や、同調圧力に負けず、その「美しきイビツさ」を命がけで守り抜いてほしいんだ。

Chapter
18
仕事でぶつかってもいい

ぼくはいつも、音楽アーティストに本気で惚れ込み、心を込めてプロデュースに従事することで、絆を深めてきた。

アーティストプロデュースの成否は、アーティストとの関係性で決まる。

特に、「クリエイティブ」と呼ばれる、プロデューサーの重要な仕事のひとつ、「音楽&ビジュアル制作」で、いい作品を生み出せるかどうかは、アーティストとの信頼関係に大きく依存する。

大好きなアーティストと一緒に、楽曲やCDジャケット、ミュージックビデオといった作品を創る行為は、美しく、エキサイティングだ。スタジオという聖域で、アーティストと長い時間を過ごす。そこで創造的なやりとりを重ねることで、お互いの感性の同化が進み、より強い絆を構築できるようになる。

ヒットを出せなかったダメプロデューサー時代、ぼくはこのクリエイティブにばかり力を入れ、「心地いい現場で、いい作品を創ったら仕事は終わり」と思い込んでいた。〔Ch10〕で述べたように「届けること」が、仕事の半分以上を占めるにもかかわらずだ。

たとえば、あのビートルズでさえ、プロデューサーが壮大かつ緻密な計画を組み立て、それを一つひとつ着実に遂行していたというのは有名な話。彼らが世に出たのは、当時のロックバンドとしては斬新な「マッシュルームカットとスーツ」という清潔感を売りにするブランディングや、テレビでイメージコントロールを徹底的に行った、ブライアン・エプスタイン（肩書はマネージャー）の功績が大きいとされる。

まず、アーティストの魅力を客観的に分析して「ブランドイメージ」を構築し、正しくユーザーに届けるための長期戦略を立てる（＝ブランディング）。

その長期戦略をベースに、作品ごとに届けたいターゲットを特定し、そこに伝えるべく、「メディア露出、タイアップ、PR、広告、販売促進」すべてを網羅する短期戦術を立案する（＝マーケティング）。

そして、すべてを実行に移すための、細かいスケジュールを決めて「プランニングシート」に落とし込む。それを数十名からなる「プロジェクトチーム」全員に伝達し、プロデューサー自ら動きながら、漏れがないよう各現場の進行管理をしていく。その遂行期間は三ヵ月から一年半にわたり、社内と社外スタッフで構成したプロジェクトメンバーは総勢、数十名から一〇〇名規模となる。

とても大変、でもとても大切な、この「売るため」の業務が、当時のぼくにはまったくできていなかった。

アーティストがデビューすると、さまざまなメディアに露出し、世間に広く顔が認知される。デビュー作だけで終わってしまったり、「余計な装飾」を加えて大きくメディアに出し、「そのアーティストらしくない形」で強引に一曲だけヒットさせたりすると最悪。「ダメだった人」や「一発屋」として人々の記憶に残ってしまうからだ。

ひとつ間違えると、アーティストの人生を大きくゆがめてしまう可能性がある。つまりプロデューサーは、重大な責任を背負っているのである。

高い歌唱力が売りの、ある新人の男性アーティストのプロデュースをしていた時、ぼくは売上をまったく上げられなかった。その理由はひとつ。

そのアーティストと仲良くなりすぎたことが原因だった。

まさに「おともだち」になってしまい、彼の気持ちを尊重しすぎて、プロデューサーとして伝えるべきこと、やるべきことを、できずにいた。

その結果、彼の中に眠る「本当の才能」を引き出すことができなかったのだ。

彼は、シンガーソングライターで作詞作曲もするが、なによりも歌声が圧倒的だった。

でも、なかなか「華」のあるヒットソングを書けない。

「曲づくりはもう少し先にして、プロの作家がつくるキャッチーな曲を歌うことで、まずは歌声だけで勝負すべき」と周りから何度もアドバイスされた。

実は、そうすべきだと、心の中ではぼくもわかっていたが、アーティスト本人は、自分の曲を歌いたがっていた。だから、周りの意見を無視し続けたのだ。

だが、結果が出ずに、泣く泣く担当を外されることに。

その後も、友人として会っては、彼の新プロデューサーへのグチを聞いていた。「ぶつかってばかり」という彼に、ぼくは同情し続けていた。

しかしその後程なく、他人が作詞作曲をした曲を彼が歌い、なんと八〇万枚というビッグヒットを記録する。ぼくが担当していた時は、三〇〇〇枚しか売れなかったのだから、とんでもない大躍進だ。

「やった！」と、心から叫んだ。ぼくが売った訳じゃないのに、自分自身が世間に認められた気持ちになった。

彼を担当していた頃、血眼になって彼のことをプレゼンするぼくに対して、「よくそこまで、こんなアーティストに入れ込めるね」「頭がおかしいんじゃないの」と言われることがあった。

売れなかった原因は、感情移入しすぎて、客観性ゼロだったぼくの、ダメなプレゼン自体にあったのだが、思い入れが強すぎて冷静さを失っていた当時のぼくは、彼が否定されるたびに、自分自身が全否定された気持ちに陥っていた。

その後もヒットを出せず、まったく自信をもてないでいたぼくにとって、彼のブレイクは「彼の才能を信じ抜いていた、自分の感性は間違ってなかった！」と、自分を肯定できる大きなきっかけとなったのだ。

奇跡の大ブレイクを受けて、彼は、もっともステイタスの高い音楽専門誌の表紙を飾り、これまでの軌跡を振り返るロングインタビューも掲載された。

その時、売れなかった頃のエピソードのひとつとして、ぼくの話が出るのではないかと密かに期待していた。「苦しい時代の担当者は理解のある人でした」というふうに。

しかし、そのインタビューにぼくの名前は出てこなかった。

その代わり、彼のグチでいつも名前が出ていた、後任のプロデューサーの話が大きく出ていたのだ。

「最初の頃は嫌いだった。でも衝突を重ねるうちに、誰よりも本気でぼくの将来を考えてくれてるからこそ、厳しい言葉をかけてくれていると知った。彼を信じ、難しい提案を受け入れたからこそ、いまの自分がある」

これを読んで、大きなショックを受けた。

ぼくは、アーティストの「ただのおともだち」になって、隣で「YES」と言い続けてあげることが仕事だと勘違いしていた。

でも、それはまったく彼のためにはなっていなかったのだ。

この経験から、**本気の愛をもって、相手のことを理解するべく考え抜いた結果であれば、意見が違っても、人間関係が壊れることはない**ということを学ぶことができた。

今では、「作品は人の心に届けて完成する」が、ぼくの〝クリエイティブ哲学〟となっている。

Chapter 19
リーダーシップはなくてもいい

素晴らしい作品に仕上げるためには、譲れない条件がある。

それは、チーム全員に満点以上の仕事をしてもらうことだ。

一流クリエイターは、どんな状況でも八〇点を維持してくれる。しかし、ヒットとは、彼らに一〇〇パーセント以上の力を叩き出してもらった時に、初めて生まれる。

そのために、もっとも心がけているのは、フラットなチームづくりだ。


音楽アーティストのクリエイティブチームのおもなメンバーはこうだ。

・アーティストの外見を創るスタイリストやヘアメイク
・CDジャケットのためのフォトグラファーやデザイナー
・ミュージックビデオを制作する映像ディレクター
・レコーディングにおけるミュージシャンやエンジニア
・曲や詞を提供してもらう作家や、曲をアレンジするサウンドプロデューサー誰をどこに起用するかは、アーティストと相談しながらプロデューサーが決めていく。
そうやってクリエイティブチームを編成していく。

すると、ギャラを「支払う側（ぼく）と受けとる側（各クリエイター）」という図式になるため、起用されるチームメンバーが、プロデューサーの顔色をうかがいながら仕事をしてしまいがちになる。彼らに満点以上の「最高能力」を出してもらうためには、**トップダウン型チームのリーダーとしてぼくが君臨して、細かく指示をするスタイルではなく、チームが向かうべき方向内で自由自在に動いてもらう必要がある。**

そもそも、ぼくは、リーダーシップをとれる人間ではなかった。
当時、まだ赤面症だったこともあり、チーム全員の前で話すことは超苦手。そんなぼくが、チームリーダーを務められたのには理由があった。

アシスタントプロデューサー時代、ぼくは、計一〇組ほどのアーティスト・プロジェクトに参加。ものすごく大変だったけど、うまくいくものと、そうでないものの違いを自分なりに分析することができた。

その結果、**うまくいくチームは「意見が言いやすく全員の意思疎通がスムーズ」「根本的な指針〝クレド〟にブレがない」の二点が徹底されている**と気付いたのだ。

プロデューサーとして独り立ちし、チームづくりを任されることになった時、最低限やろうと決めたのは、この「ふたつだけ」だった。

アーティストやメンバー個々にどんな高い能力があっても、みなが「クレド」を理解しないまま仕事に入ると、決してうまくいかない。

だから、最初の全員会議の前、つまりプロジェクト始動前に、個別にじっくり話をして「想いとビジョン」の共有をしていた。

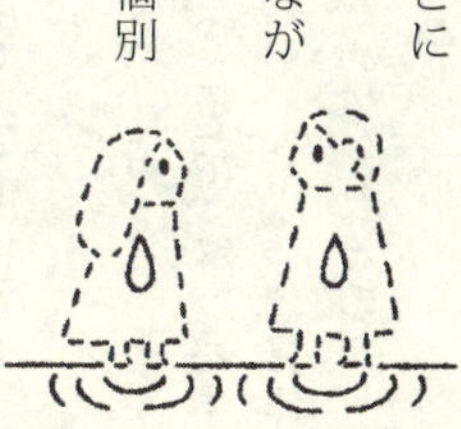

「一対大勢」が苦手。プレゼンで一気に人の心を動かすことができなかったぼくも、一対一は大丈夫だった。**縦横無尽に動き回ってメンバーと個別に会い、「情熱と情報」を伝達する「潤滑油」の役割ならできる**と思ったのである。

ある女性ロックシンガーのデビュー時の「想い」を伝える場合はこうだった。

「パフォーマンスは圧巻、ファッションもトンがってる。背は低くて引っ込み思案。自分に自信はなく、ひとり田んぼで歌の練習をしていた。でも、血の滲むような努力を重ね、ここまで来ました。将来、彼女は日本中の女の子を励ますアーティストになります。彼女を、世の中を動かすようなアーティストに育てませんか！」

こう、メンバー一人ひとりに、しつこいくらいに話すのだ。

さらに、**「このプロジェクトで、あなたの人生は確実に変わる」**と言い切って、**「これはいままでの仕事とは何か違う、ワクワクする」と、特別な感情を抱いてもらう**のだ。とにかく、「単なるお仕事」の依頼で終わらせないようにするために。

こうして最初の全員会議の前に、「想いとビジョンの共有」を終えることで、メンバー一人ひとりが「自分の役目」を把握した状態で会議に参加できる。結果、会議では具体的なアイデアが飛び交い、指示されなくても、全員が自発的に動き始めてくれるのだ。

その後も、潤滑油の役割に徹し、メンバーに会うたびに、何度もその「クレド」を伝えて回る。「その話は三回ほど聞いたよ」とあきれられたら、こっちのもの。それは「想いとビジョンの刷り込み」が完了した証だから。

全員への「クレド」のインストールが完了すると、「個々の仕事」と「チーム全体」の動きにブレがなくなる。
動き始めてから大きな変更を強いたり、途中でやり直しが必要になると、そのプロジェクトの成功率は一気に下がる。
だから始まる前に、嫌がられるほどしつこく語る必要があるのだ。

チームを一気にまとめる強いリーダーシップがなくても、**チームの潤滑油に徹して走り回り、メンバー個別に「想いとビジョン」を伝え、誰よりもよく働けば、チームはちゃんと動いてくれる。**

逆の言い方をすると、こうした「想いの共有」と「マメな動き」がないと、どんなに強力なリーダーがいてもチームは途中で崩壊してしまうことになる。

意図せずぼくは、強力なリーダーが存在せず、チームメンバー全員が対等という、理想的な「フラット型チーム」をつくっていたのだった。

Chapter 20
態度は変えなくていい

相手の地位や肩書を見て、態度を変えてしまう人がよくいる。

ぼくは、営業の頃や、駆け出しのアシスタントプロデューサー時代、社内や社外の上の人たちのふるまいを冷静に観察していた。

下っ端のぼくにも、気持ちよく挨拶をしてくれる人。無視に近い態度や、雑に扱う人。

観察の結果、わかったことがある。

自分より立場が下の者を雑に扱う人に、長期的な成功者はいなかった。一時的に出世できても、長続きはしなかったのだ。おもしろい現象だと思った。

そういう人たちを見て、こんな人間にはなりたくないと自分に言い聞かせた。

でもそれ以上に、相手によっていちいち態度を変えたりする行為自体が、面倒だし、非効率だとも感じた。年齢や立場に関係なく、シンプルに全員が対等だと考えた方がわかりやすいと、気持ちもすっきりしたのだ。

たとえば、撮影現場で、メインのフォトグラファーやスタイリストに接するのと同じように、アシスタントさんたちに接する。きちんと名前を覚えて、ていねいな態度で話しかけ、いつものように、アーティストや作品に込めた想いを熱く語る。

現場で主たる仕事をするのは、アシスタントさんではないかもしれない。だが、彼らが現場で「ただの仕事」として動くのと、特別な感情を抱き、「何かできることはないか」「少しでも貢献したい」と、繊細な心配りでサポートしてくれるのとでは、その日の仕上がりに大きな差が出てくる。

実際に、ライブで、助手のサブカメラが最高の画を押さえていたことがある。ジャケット撮影で、アシスタントさんが必死に反射板を支えて光をとらえてくれたことで、感動的な一枚が撮れたこともある。

気付かないところでの、彼らの心のこもった気配りや頑張りといった、微細なピースが積み重なり、いい現場が生まれる。そういった現場がもつパワーこそが奇跡を起こし、驚くほど素晴らしい作品を創り出す。

いい仕事とは、人の「熱い想い」と「点画」のような細かいディテールの積み重ねで完成するものなのである。

Chapter 21
多数決も命令もなくていい

チームで仕事をしていると、意見が割れることが必ずある。そんな時どうするか。「多数決」こそ絶対にやってはいけないというのが、ぼくの持論。

多数決とは、誰も責任を取らなくていい、中途半端で、みっともない決断。そうやって生み出された作品（商品）は、結局、誰の心にも届かない。

実際、ぼくがプロデュースしたプロジェクトで、多数決で決めてヒットが生まれたことは一度もなかった。

チーム内で意見が分かれまとまらない、という局面はどこにでもある。そんな時、リーダーだからといって、強引に自分の意見に従わせることも、ぼくは決してしない。**「命令」ほど非創造的かつ非生産的な行為はない**からだ。

まずは、**お互い「対等な立場」「絶対の正解は存在しない」という前提で、遠慮なしの意見を徹底的にぶつけ合うようにする。**

最後までまとまらない場合、ぼくは、チーム内で誰よりも「そのアイデア」に熱狂している「あるひとり」の意見を採用する。

そして、「その人の感性に賭ける！」という判断を下し、その責任はぼくが取ると約束し、その場をまとめる。もちろん、ぼく自身がもっとも熱狂し、「そのひとり」になっていたら、誰もが自然に付いてきてくれることになる。

そんな時、チームに感情的なしこりが残らないようにしないといけない。

そのためには、**チーム全体で目指すべき「たったひとつの目標＝クレド」が何か、明確に共有されていることが大切だ。**

どんなクリエイターも、「個人的に表現したい世界観」や「自分が属する業界でウケる方向」にもっていこうとする傾向がある。こういった各クリエイターとのズレは、日常的によく起きることだ。それが曲の方向性と違う場合はどうすべきか。

たとえば、ミュージックビデオの編集で、映像監督と意見が食い違った時。

話し合った結果、当初のクレドに沿って「曲の世界観がより伝わる方向」で映像編集してもらうことになったとしよう。だが、頭で理解してくれたとしても、心では納得できていない時がよくある。

「しょせんこの人は映像に関しては素人。こっちはプロなんだよ」

というような自負も、もちろんあるだろう。

感情がスッキリしていないと、人は必ず顔に出る。その場合、たとえ「わかりました」と言われても、さらに話し合いを続けた方がいい。

「このプロジェクトの主役は、アーティストと音楽。自分は、その作品を、より多くの人に届けるために集結したチームの一員だ」という、大前提である「たったひとつの目標」を、監督に思い出してもらうために。

「自分はこのチームの仲間であり、そのことに誇りをもっている」と、心から思ってもらうことができて初めて、自己満足や業界ウケを捨て、「たったひとつの目標」のためにベストを尽くしてくれるようになる。

ぼくがここで強調したいのは、こういったクリエイティブチームは、決して「機械工場」ではないということ。チームマネジメントに必要なのは、「命令に従わせること」でも「強制的に働かせること」でもない。

今は、どんな業界や職場でも、必ず「創造性」が求められる。

上から押さえつけられると、どんな優秀な人間でも創造性が消える。結果、そのプロジェクトはいい成果を出せずに終わってしまう。

現代のチームリーダーが常に意識すべきはこの三点。
①メンバーが才能を最大限に発揮できるよう「潤滑油」になること（P135）。
②個々が、自発的に動ける「余白」を残すべく努めること（P134）。
③チームで目指す「たったひとつの目標＝クレド」を忘れないこと（P143）。

ひとりではなく、チームでひとつの崇高な頂上を目指す行為は、とても面倒で、摩擦と苦難に満ちている。だが、全員で協力しながらその頂まで登りつめた瞬間、誰もが震えるほど感動し、それまでの苦労すべてが「よかった」と思うものだ。

そこから一緒に見る、圧倒的に美しい景色は一生忘れることがないだろう。


一度でもこの景色を見たことのあるリーダーは強い。

途中の道のりで無数に起きる、どんなトラブルにも心折れず、「全員であの景色を見るために」と、常に上を向いて進めるからだ。

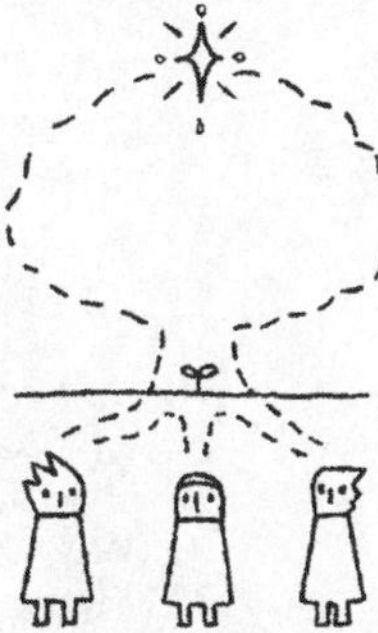

第5章

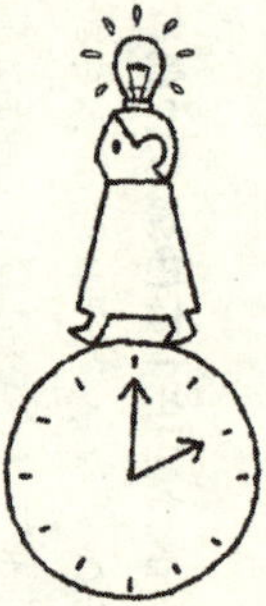

仕事

Chapter 22
イヤな仕事でもいい

レコード会社の経験から、ヒットの法則を見つけることができた。

不特定多数へシャワーのごとくバラまこうとしても、決してヒットは創れない。一人ひとりに、一枚ずつ手渡しするイメージをもって初めて可能性が生まれる。

そのことを学んだのは、入社一年目、北海道での営業時代に「演歌隊長」をやった時だった。これは、演歌歌手の「ドサ回り」と呼ばれる地方巡業の雑用係のことで、若手社員が担当することになっている。その役割は、当然ぼくに。

演歌にまったく興味がなかったことに加え、面倒な作業を強いられるということもあり、正直、最初はイヤだった。

でも、そこでぼくは、プロデュースの原点を体験したのである。

演歌隊長の仕事はこうだ。

まず隊長のもとに、歌手のプロモーション日程が伝えられる。すると隊長は、各地の演歌サークルの代表一人ひとりに連絡を入れる。演歌サークルとは、演歌好きが集まる団体のこと。横のつながりが強く、複数のサークルをとりまとめる人もいる。

代表にお願いすると、その地域で営業回りのできるカラオケパブやスナック、公民館などを押さえてくれる。

その後は、当日まで電話連絡とミーティングを何度も重ね、粗相のないように準備を整えていく。これを、一〇人くらいの代表たちと並行してやりとりする訳だから、かなりの労力と時間を要することになる。

いよいよ当日、歌手とマネージャーさん、ぼくの三人で各地を回る。

会場は、十数人のお客さんしかいないスナックから、一〇〇名ほどの公民館までさまざま。一回のショーは一五分から三〇分程度。そこでのぼくの仕事のひとつは、なんとその小さなショーの司会を務めることだ。

当時、人前で話すことをもっとも苦手としていたぼくにとって、この司会業はなにより苦痛だった。顔は赤面し、マイクをもつ手は震える。

汗をかきながら、台本棒読みで曲紹介をすると、歌手が歌い始める。すぐさま、ぼくは一本一〇〇〇円のカセットを何本も載せたケースを抱えて客席を練り歩く。

お客さんはお酒が入っていることが多いから、からまれたり、泥酔した人にお酒をかけられたりイヤな思いをすることも少なくない。

歌手は歌いながら「そこのお客さんノリがいいよ」と、目でサインを送ってくる。それを見逃さないように、ステージにも集中しないといけない。

ここからが、プロデュースにおいての核心ポイントだ。

歌手は、小さい会場に集まったお客さん一人ひとりの眼を見つめ、「一対一」のごとく、想いを込めて情熱的に歌う。財布から一〇〇〇円札を出してもらうために、一瞬たりとも手を抜かず、ものすごい熱意で歌い続ける。

その姿に駆り立てられて、ぼくもマネージャーさんも必死に頑張る。ぼくもならって、目の前のお客さん一人ひとりの眼を見て、販売活動をする。

そうすると、最初のお客さんが現れる。その人に一本を売ると、次のお客さん、そして次と続く。一人ひとりへ伝播していくのがハッキリ見えるのだ。歌手の歌とトーク、ぼくの司会と販売活動、マネージャーさんが担当する音響と照明（カラオケスピーカーとお店のライトの調整）、すべてがうまく行った時、おもしろいように売れるのである。

会場の全員が買ってくれた時は、震えるほどの感動だった。

逆に、お客さんの反応が悪く、あまり売れない時もある。そんな時は、後の三人の反省会で問題点をとことん話し合う。

そして、数日間のキャンペーン活動が充実したものになると、その地域の売上ランキングで、その歌手の作品が上昇することもあった。

ぼくは、この「最初はイヤだった仕事」を通じて、お客さんにお金を払ってもらうとはどういうことかを知った。そして「一対一」「一人ひとり」こそが、絶対原則だということを、イヤというほど体に刻み込むことができたのだ。

ヒットとは、あくまで「一人ひとり」のお客さんの感動と行動が積み重なった結果であるということ。そして、どんなヒットにも必ず、「最初のひとりのお客さん」が存在するということ。

ただそれだけ。とてもシンプルな原則だ。

後に、数億円規模の大規模なプロモーションを仕掛けるようになっても、あくまで「一人ひとり」の心にメッセージを直接届けるつもりで戦術を立てていた。

多くの人に届けるための、ブランディング戦略やマーケティングを考える時に、絶対に忘れてはいけないのは、小売店で「どんなお客さんがどういう時に、どんな気分で」買っていくのかという、具体的なイメージを頭に浮かべること。

「二〇代前半から三〇代後半の女性」といった、定型的なターゲット設定は、ほぼ意味がない。

「服飾系の専門学校出身。洋楽ロックと野外フェス好き。下北沢で古着を探すのが趣味の二五歳の女の子」

というように、できる限りリアルなひとりのユーザーイメージをつくり、「その人の心」に届けるにはどうしたらいいかを考え抜くことによって初めて、優先順位がハッキリして戦術プランニングに迷いがなくなり、どこでどう仕掛けるべきかが見えてくる。

ぼくはこれを、演歌隊長の経験から学ばせてもらった。本番まで何度も繰り返す綿密なやりとり。歌手が目の前のお客さんのために心をこめて歌う。それに感動したお客さんがその場でお金を出す。

そこにはレコード会社の仕事のすべてが凝縮されている。ニュージーランド移住後は、色んなジャンルのプロジェクトに関わるようになったが、この法則はどんな商品、どの業界においても同じだった。

決して華やかではない、地味な演歌ドサ回りの仕事から、プロデュースに限らず、ビジネスに必要な要素すべてを経験させてもらっていたのだ。

Chapter 23 あたり前のことができればいい

ぼくは、ふたつの大学で非常勤講師をし、多数の大学で講義をやってきたこともあり、全国に多くの教え子たちがいる。

そんな彼らが社会に出て、壁にぶつかった時必ず伝える言葉がある。

「あたり前のことができればいい」

どんな仕事でも、基本的な業務は二〜三年あれば覚えられる。

しかし、「本当に大切なこと」を理解しなければ、そのままどんなに働き続けても、どの業界にいってもうまくいくことはない。

逆に、「本当に大切なこと」がしっかりできれば、どこにいっても大丈夫。

これは、社会に出てから二〇年以上経ち、職業柄、さまざまな職種の人たちと仕事をし、一万人近い人と会って確信できたことだ。

では、「本当に大切なこと」とは何か？　それを教わったのは、就職して三年目。ソニーミュージック札幌営業所から転勤で東京の本社勤務となり、メディア宣伝とアシスタントプロデューサーを兼任することになった時のこと。

のどかな地方の営業職から、ビジネス激戦地、東京都心部での難しい仕事に就き、寝る間もないほどの激務に突入。

どうすればいいかまったくわからず、気が遠くなるほど戸惑っていた。

本社のスタッフは、仕事も、歩くのもすごく速い。会議でも早口でがんがんプレゼンし、いつも自信ありげに堂々としていた。

そこにいるだけで、どんどん自分がダメな人間に思えてきたのだ。

ある日、自分のデスクで大きくため息をついていたら、心配に思ったのか、直属の上司から「大丈夫か」と声をかけられた。

「地方営業としても低評価だった自分が、東京でいきなりプロデュースだ、メディア宣伝だと言われ、途方に暮れてます」と、思わずこぼしてしまった。

すると、その上司は、こう言ってくれた。

「オレたちの仕事は、確かに忙しくて難しい。だからこそ、人としてあたり前のことをきっちりとやっていればそれでいいんだよ」

人としてあたり前のこととは。

約束は守る。ちゃんとお礼を言う。
ていねいな敬語を使う。人に会ったら元気に挨拶をする。
時間に遅れそうになったら、きちんと連絡をする。……etc.

「この業界はみんな忙しくて、あたり前のことがだんだんできなくなる。それをやっているだけで頭ひとつ抜けることができるから」

そう言われて、重くなっていた心が少し軽くなった。

この言葉は、今でもぼくの座右の銘だ。

これは、学生、社会人に関係なく、どんな業界、どんな仕事であっても忘れてはいけない大事なことであり、社会的信頼を得るための極意だと思う。

誰もが、キャリアを積むほど忙しくなり、あたり前のことがおろそかになる。

そして、**デキるすごい人とは、仕事を始めた頃に一生懸命にやっていた「あたり前のこと」を、ずっと続けられる人のことをいうのだ。**

「四角さんがプロデューサーとして成功を収めたり、ベストセラーを出せた理由は何ですか？」と、取材やインタビューでよく聞かれる。

おそらく相手は、何か「ヒットの魔法の方程式」のような答えを期待しているのだろう。でも、ぼくはいつもこう答えている。

「人としてあたり前のことを、昔から変わらず、愚直にコツコツとやり続けてきただけです」と。

Chapter 24 ていねいすぎてもいい

どんな音楽アーティストにも、上り調子の時とそうでない時がある。

そして、上り調子の時こそ、細部に気を配る必要がある。

ブレイクするまで、アーティスト本人、ぼくを含めたチームメンバーは、常に「お願いします」と頭を下げている。だが、いったん売れると、何もしなくても、ものすごい量のオファーがどんどん舞い込むようになる。

でも当然、すべてを受けることは物理的に不可能。さらに、アーティストのブランディング戦略上、絶対に受けてはいけない仕事やメディア出演がある。

〔Ch13〕の「アタック・リスト」で述べた、ブレイク前から協力してくれた恩人は別としても、大半の依頼はお断りすることになる。そして、ぼくのお願いを無視した人からもオファーが来るのだが、そこで「売れる前に、あなたは何もしてくれませんでしたよ

ね」などとは、口が裂けても言ってはいけない。

多くの人が勘違いしているが、実は**「お願いすること」よりも、「断ること」の方が多大なる労力と知力を要し、何倍も大変なのである。**

断る相手には、「感情面と理論面」の両方で納得してもらう必要がある。

まず、しっかり頭を下げて謝罪する。さらに、それまでの数倍、慎重な言葉づかいと態度で「完璧に筋が通るNOの理由」をきっちりと説明する。

売れたら、売れる前よりも、ていねいに発言し行動する。

これを、アーティスト本人、スタッフ全員で徹底しないといけない。


たとえば、有名アーティストがタクシーに乗り、寝不足でボーッとしていて、運転手さんから話しかけられても気付かなかったら、「あのアーティストは態度が悪い」という噂を流されてしまう。だが、無名の新人が同じことをやっても、何も言われない。

著名人というだけで、その一挙手一投足が、批判や噂の原因となる。

もっと気をつけなければならないのは、関係者の振る舞いだ。

担当するアーティストが売れると、チームの誰かが必ず勘違いをして、社内外の人におうへいな言動を取ってしまうものだ。スタッフの不用意な言葉や態度で、アーティストの評判を落としてしまうということが、実はとても多い。

これは、会社や部署にも同じことがいえる。

トップの人間は、大きな業績をあげて注目されてからも変わらぬ姿勢を心がけていたとしても、若手やスタッフが外で少しでもおうへいにすると、「テングになっている」と、全体が批判されるというのはよくある話だ。

それを避けるためにぼくは、全員に必ず、次のようなたとえ話をする。

駅から少し離れた場所に、あるラーメン屋がある。味はよくて、接客も徹底しているのに、立地が悪くて繁盛しない。店主は、毎日駅前で店のチラシを配って営業をしてきたものの、お客さんはなかなか増えなかった。

ところがある日、テレビ局のプロデューサーが来てとても気に入り、番組で紹介されることに。もともと味はよかったので評判になり、瞬く間に行列ができる店になる。

ここで、どんな態度をとるかで、お店の運命は決まる。

ダメな店主は、もう安泰だと油断する。「忙しいからしょうがない」と、つい接客が荒くなり、効率を優先して、味へのこだわりもおろそかになる。しだいに客足は遠のいてしまう。

慌てて駅前でのチラシ配りを再開してもダメ。「あの店は不味いし態度も悪い」という評判にさらされると、挽回のチャンスはなかなか来ない。

一方、こういう店主だったらどうだろう。

誰も来てくれない状態で努力するよりも、いま頑張った方が「楽」だと考える。目が回りそうだが、多くのお客さんが来てくれるいまこそ「最大の営業チャンス」と捉え、接客と味のさらなるレベルアップを目指す。

この時期の意識と行動が、「一発屋」で終わるか、常連さんに愛される「老舗」になれるかの明暗をわける。もちろん、飲食店にかぎらず、音楽アーティストやビジネスパーソンにもまったく同じことがいえる。

仕事がうまくいくようになった直後こそが、いちばんの勝負どき。

そして「その期間」は、実はそんなに長くない。ぼくの経験上、長くて一年、短いと数ヵ月で終了だ。人生においては「一瞬」ともいえる、そんなわずかな期間をどう過ごすかで一生が決まる訳だ。

たとえば営業職なら。

売上が伸び始めた時こそ、それまで以上に、ていねいに仕事をすることで、得意先から信頼されるようになる。そして、いざ売上が下がった時に、あなたを助けてくれるのは、いつもそういった得意先だ。

誰もが、気がゆるんでしまいがちになる好調時こそ、ていねいに。

それは、ピンチの時に支えてくれる「本物の味方」をつくるためでもあるのだ。

Chapter
25
好きな人としかつきあわなくていい

社会人三年目から五年目にかけての二〇代後半の数年間。東京本社勤務の初期の頃はまだ、社内や外部スタッフ、取引先にいる、目上の人と話すことがものすごく苦手だった。
どんな人であろうと、初対面はまず全員ダメ。優しい人であれば、時間をかければ少しは慣れて、いくらかましになるが、仕事で話す時は基本、誰であれずっと緊張していた。
特に、メディアや大企業に多くいる、態度がおうへいな人と話をするのがイヤだった。会う前から顔はひきつり、冷や汗が出る。当日は朝から家で緊張して、会社に行くのがイヤに。しかも、話し始めた途端、赤面し、どもってしまう……。

だが、もっとも苦悶していたのは夜だった。ヘトヘトになってベッドに入ると、「今日もまた失敗ばかり。明日こそは何とかしないと」と、自己反省が始まる。

さらに、うまくしゃべれず、人づきあいができないのは努力が足りないからだと、自分を責めるモードに入ると、熟睡することさえもできない。

あまりにも毎日が苦しいので、ある人に自分の症状を相談したら「軽い対人恐怖症だね」と言われ、ぼくはさらに落ち込んでしまうことに。

しかし、何気なくひとりの先輩に相談したことが、この地獄のような日々から抜け出す、大きなきっかけとなった。

その先輩は少し歳上で、仕事も会話も適当という人だったが、ぼくは好きだった。彼との会話には、仕事の話が一切出てこない。それが楽だった。

社内で数少ない「あまり緊張せずに話せる人」だった彼は、どんなに忙しくても、夜は彼女とデートへ、波がいい日は早朝からサーフィンに行くという、仕事よりもライフスタイルを優先する、社内では珍しいタイプ。

その日、いつもより睡眠不足がひどく、デスクから逃げるように社内の休憩スペースに行くと、その先輩もダルそうに仕事をサボっている。

「昨夜は遅くまで飲んで、朝は波乗りしてきた」と、ニヤッとする彼。

その笑顔に気がゆるんだのか、ぼくはつい「仕事を辞めたい」と口にしていた。

そんな彼の口から、とんでもないひとことが飛び出した。

「辞める前に、ダメもとで一度、好きな人とだけつきあってみれば？」

「いやいや、仕事ですから、そんなの無理でしょう！」

「どうせ辞めるんだったら、何でもできんじゃないの？」

「う、なるほど……。ちなみに先輩はこの仕事好きですか？」

「別に好きではないな～」

「では、なぜ続けてるんですか？」

「モテるから（笑）」

しばらく心から笑えなくなっていたぼくが、いつの間にか爆笑。こわばっていた顔の筋肉が自然とほぐれ、心が少しだけやわらかくなった。

彼にすれば悩める後輩への、なんでもない適当なアドバイスだったかもしれないが、ぼくは「救われた」と思った。

いつの間にか、「ダメもとだ。そのめちゃくちゃな作戦、今日からちょっとやってみるか」と、久々にウキウキしながら自分に言い聞かせていた。

このアドバイスを受けて、**思い切って「楽な人。疲れない人。好きな人」と、できる限り長く接するようにし、「苦手な人。疲れる人。イヤな人」とは、なるべく接触の機会を避けるべく努めた。**

人間嫌いだったぼくの経験上、一日のうちの八割以上苦手な人といると表情がゆがんでくる。この日までのぼくはおそらく、その割合で人と接していたと思う。

だがその日以降、そのパーセンテージは徐々に下がってきた。それに伴い、少しずつ少しずつ、自分が変わっていくのを感じた。

とはいえ、いつも思い通りにやれた訳ではない。

やむなく終日ずっと「苦手な人」と過ごさざるを得ない現場や、面と向かって長時間話し込まないといけない場面などは、もちろんたくさんあった。

だが、あの異常な疲労感や、寝る前に自分を追い込むあの癖が軽減した。

好きになれない人を、「嫌いな人」ではなく「苦手な人」と呼ぶ。

どうしても頻繁に会わざるを得ない苦手な人とは、長く話す場面がくるまでに、挨拶やひとことレベルの「超短時間の接触」をなるべく多くもって慣れておく。

このふたつが、この経験で学んだ人間関係のコツである。

夜眠れるようになって半年ほど経つと、顔が引きつらなくなった。

苦手な人といる時の緊張感は同じだが、多汗と赤面もましに。そして、「常に自信なさそう」と指摘されていた話し方にも、改善の兆しが見えてきたのだ。

一年後、ついにぼくは、自然な口調と表情で話せるようになっていた。その数年後、ぼくの人間嫌いは完全になくなるのだが、その詳細はまた後で。

仕事で、完全に好きな人とだけつきあうなんてできないって？

確かにそうかもしれない。でもぼくのように、まずは「少しでいいから距離を置いてみること」に挑戦してみてほしい。

苦手な人とは、ランチへ行く時間を数分ずらす、その人のデスク近くを通らないようにする、話す前に要点をまとめておいて接触を最短で済ませる、など。

逆に、好きだと思う人とは、なるべく視界に入る距離にいるようにする、隙あらば話しかける、直接業務に関係ない人でも仲良くなっちゃう、など。

できることは意外にあるし、小さなことからならやれるはず。

この原理はとてもシンプル。

好きな人との時間が長く、苦手な人との時間が短くなると、過度な緊張時間が減るため、隠れていた「自分らしさ」が表に出てくるようになるのだ。

まず「目つきと表情」に表れ、次は「声と口調」に出る。

それは確実に周りに伝わり、自然に相手の反応もいい方向に変わってくる。つまり、**「自分らしさ」を取り戻すと、人間関係は勝手に好転してくれる**ということだ。

そう考えると、「環境を変えるには、自分を変えるしかない」という言葉も、あながち嘘ではない、と言えるのではないだろうか。

Chapter 26

長い時間働かなくていい

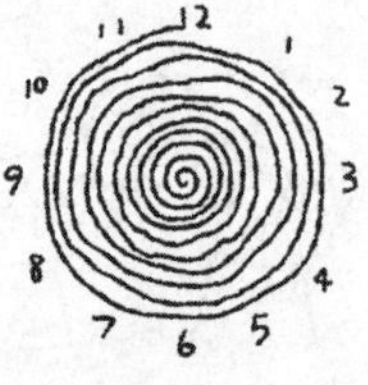

たくさん仕事をこなし、誰よりも忙しそうにしている。率先してサービス残業し、深夜や休日に自主的に自宅でも仕事をする。日本では、いまだにこういう人が「働き者」として評価されるが、それは完全に間違っている。ぼくも若い頃、そう思い込まされていた。

レコード会社プロデューサーは、同時に二〜三組のアーティストを担当する。ぼくはアシスタント時代、最大六組のプロデュースに同時に関わったことがある。さらにその頃、メディア宣伝を兼任し、首都圏のラジオ局をいくつも担当していた。

メディア宣伝とは、レーベル（部署）に所属する全アーティストを売り出すために、テレビやラジオ、新聞や雑誌、ＷＥＢといったメディアへ出演交渉をしたり、作品を紹介してもらえるように働きかけたりするＰＲの仕事のこと。

ぼくのレーベルには約四〇組のアーティストが所属し、担当する東京と埼玉のラジオ局で、毎日誰かしらがレギュラー番組をもっていた。月曜は深夜一時半、火曜は夜十一時半、水曜は明け方五時、木曜は深夜三時、金曜は深夜一時までその番組に立ち会う。

次の日、遅くとも朝九時半には出社して、アシスタントプロデューサーの雑務処理をしないといけない。休日も、必ず誰かのコンサートが入っている。

レコード会社に限らず、当時のエンタメ・広告・メディア業界では、「休まずに働き、夜遅くまで会社にいる人がエライ」という強い風潮があった。それに毒され、いつも顔色が悪い先輩が、夜中に、「飲んでるから来い！」と問答無用に誘ってくる。

「このままだと死ぬかも。逃げよう」と、何度か思った。だが、「自分は大都会の中心で、ショービジネスの最前線で、ものすごい働いている」という、よくわからない自負、空しい自己満足が、その感情を打ち消した。

さらに、先輩たちからの「いつも夜遅くまで頑張ってるな」という、根拠のない褒め言葉に、「頑張ってる自分」に、無意味に酔ってしまっていた。

こんな状態が続くとどうなるか？

まず慢性的な体調不良となり、思考能力や判断能力が低下する。ついには、メンタルが不安定に。こうなるとかなり危険だ。

そして、一つひとつの仕事がおろそかになり、無意識のうちに、仕事の質がどんどん下がっていく。さらに、部屋も、友人関係や家族関係もグチャグチャ、プライベートと生活すべてが壊れていく。


打ち合わせに時間通り行けず「遅れてすいません」と、謝りながら席に着く。取引先にも、「なかなか顔を出せなくて申し訳ありません」。資料も期日に間に合わず、「ごめんなさい、まだなんです」。

友達には「すまん。今日も遅れる」。家族や恋人にも、「ごめん。今日、行けなくなってしまった」。


いつのまにか、ずっと誰かに「謝罪」しているような日々になっていた。

ある深夜、先輩からの飲みの誘いを「すみません。すみません」と必死に断り、タクシーを拾おうと路上に出た時、ある恐ろしい感覚に襲われた。

「毎日が破綻してる。自分が、自分じゃなくなってる」

次の朝、勇気を出して会社に電話をかけ、「高熱が出たので休ませてください」と告げる。もちろん仮病。家から車を一時間走らせ、山梨県の本栖湖へ。

いつもなら、ニジマスを釣るべく夢中になって竿を振るが、その日は、仕事の手帳を手に、大きな決意を胸に、湖畔に座る。

穏やかな湖面を前に、手帳に隙間なく書き込まれた過去半年のスケジュールをめくっていると血の気が引いてくる。ほぼ記憶がなかったからだ。

深呼吸しながら、毎日の細かい予定を一つひとつ吟味しながら、「やらないと仕事が崩壊する」ものだけを別の紙にリスト化していく。

次はＴＯＤＯリスト。その凄まじいタスク数にゾッとする。心を落ち着かせ、予定表と同じ選択基準でタスクを抜き出し、さっきの業務リストに加えていく。

行かなくていい現場。やらなくていいタスク。会わなくていい人。出なくていいミーティング。無駄がたくさんあった。

「絶対」だと思っていたことが、そうではなかったことに気付く。

ここでいったん眼を閉じ、心からわいてくる「やりたいこと」を、別の真っ白な紙に書き出していく。久々にワクワクして、心が起動し始める。

そして、ルーティンの仕事だけ記入済みの、明日から一年分の新予定表を開き、書き出した「やりたいこと」を、目立つよう赤字でスケジューリングしていく。

まずは睡眠。曜日ごとに決まっている仕事から、毎日の寝る時間を確定させ、予定表に「就寝」と太字で書き込む。ここ本栖湖で釣りをする時間は、仕事が入りづらい日曜日の早朝から遅い午後までの、毎週の繰り返し予定とする。

北海道・道東への釣り旅は、業務量が一時的に減りそうな三ヵ月後の、ある週末を絡めた三日間で設定。一週間の「ニュージーランド旅行」は、年間ルーティンを試算してタスクが減りそうな一〇ヵ月後に。でも、これには（夢）と書き足した。

最後は、抜き出した、「やらないと仕事が崩壊する」業務リストに優先順位を付け、それを上からスケジュールの空白に入れていく。予定が立てられないものは、真っ白なＴＯＤＯリストに、重要度が高いものから追加していく。

ふと眼を上げると、夕焼けが湖面を黄金色に照らしていた。

手元にあるのは、少しだけ余白が生まれ、軽くなった予定表とＴＯＤＯリスト。これらはただの紙切れじゃない、ぼくの、明日からの新たな人生だ。

重かった心も軽くなり、自分を取り戻せたような気になった。そして、**モノだけでなく、仕事、予定、人間関係も捨てられるようになった。**

これは、ぼくの苦労自慢じゃない。あなたへの「警告」だ。

あの働き方は狂っていた。事実、常に体調不良を訴えていた同業者や同僚が体や心を壊し、時に亡くなることもあった。だから、睡眠時間を削っての深夜勤務や、休まず働いたりしてはいけない。

もし、これを読んで「自分の会社も同じ雰囲気で、似たような状況にいる」と思ったら、「この会社はブラック企業かも」と疑った方がいい。

最低限、ぼくのように、まずは仮病を使ってでも休んでほしい。
そして必ず、何らかのアクションを起こしてほしい。

あの頃は、まだネットが完全に普及する前。**ITの急激な進化によって、いまやひとりあたりの業務量は数倍に。なのに、働く環境も、上層部のオトナたちの意識もあまり変わっていない。**若い世代にとって、今の日本社会は過酷すぎる。

ぼくが知る**欧米では、当然、「長く働くこと」より「生産性の高さ」が評価される。**

ちなみに、「働きすぎ」と揶揄される日本人の生産性は、先進国で最低レベルだという残念な調査結果があることも、ぜひ知っておいていただきたい。

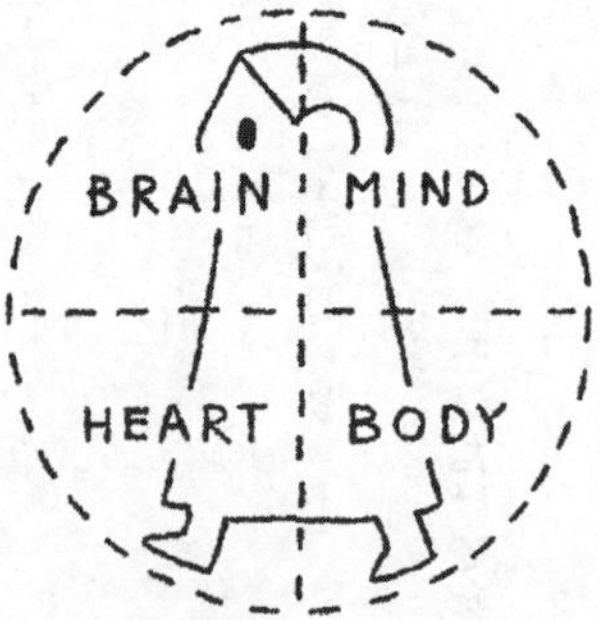

第6章

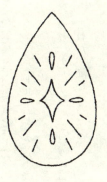

信念

Chapter 27

常識に従わなくていい

入社一〜二年目。自分の心に正直に行動していたら、社内でボコボコにされたと書いたが、ぼくが生意気で、空気を読まなかったこともよくなかった。つらくて、ストレスで何度も体調を崩した。

そして、「自分はまだ社会経験がないのだから」と自分に言い聞かせて、納得できなくても「おまえは間違ってる」「これが常識だから」と、先輩や上司に言われるがまま、一生懸命それに従おうとした。

でも、まったく成果が出ない上に、ついに心まで変調をきたし始めた。

自分らしくやっても、逆に自分を殺して働いても苦しいし、結果も出せない。

どっちを選んでもダメなら、自分の心に嘘をつくのはやめよう。最初の一歩は、消去法での選択だった。ある意味、消極的な決意。

最低の評価をされていたソニーミュージック札幌営業所時代。「知恵も経験もないが、体力だけはある」と自分に言い聞かせ、毎日ただひたすら、CDショップを回っていた。「一日に、所内の誰よりも多くの担当店に通う」と、何の戦略もなくただ動き続けていた。

当時ぼくは、釧路と帯広の五～六店舗、札幌市内の五～六店舗を担当していた。遠方には月一回の出張しか認められていなかったが、近場に関しては、この限りではない。ちなみに、五～六店舗であれば、二～三日かけてすべて回るのが普通だったが、ぼくは毎日、市内の全担当店を訪れていた。

必然的に、一店舗あたりの滞在時間は短くなるが、長く話さなくて済むので、ぼくにとっては逆に楽だった。そして、「元気よく挨拶すること」と「大好きなアーティストや作品のことを語ること」だけ徹底した。

毎日お店で「このアーティストいいんですよ！」と、ただ暑苦しく繰り返しているうちに、ひとり、またひとりと、店員さんがぼくのすすめるアーティストのファンになってくれるようになった。

この経験から、**「毎日、顔を見せる」というシンプルな行いが、もっとも人の心をつかめる**ということを学んだ。

小さなスペースだけど、店内で目立つ場所に、そのアーティストのCDを置いて、心のこもったおすすめコメントを書いてくれたりもした。「ソニーの四角くんが異常に推してる（笑）、あのアーティストいいよ」と、同系列の他店に話してくれたり。

駆けずり回って「ただの直球」を投げ続けているうちに、ひとつ、またひとつ、と協力してくれるお店が増えていったのだ。

そのうち、担当外のお店の方を紹介してもらえるようになり、そこでもアーティストのことを熱心に語り始めた。ほかの所員の「なわばり」であるお店に行くのは、言うまでもなく御法度。当然、他の営業スタッフからは白い目で見られていた。

でも、自分の好きなアーティストを広めたい一心で、社内ルールを破り続けた。

さらに、ラジオ局や有線などのメディアにも顔を出しては、「このアーティストの新曲をオンエアしてください」と、ＰＲ活動をするようになった。

ちなみにこれは、宣伝部という別部署の仕事。完全な越境行為であり「タブー」。やってはいけない行為だ。

ちなみに、レコード会社には、大きく分けて、四つの部門がある。

①アーティストの音楽とビジュアルを制作し、ブランディングとマーケティング戦略を立案するプロデュース部

②完成した音楽や映像作品を各メディアに売り込むＰＲやプロモーション活動をするメディア宣伝部

③宣伝されて世の中に伝わった作品（商品）を、配信サイトやＣＤショップに販売活動を行う営業部

④社員のバックアップをする管理部（人事部、経理部、総務部など）

地方の営業所には②と③だけがある。営業だけでなく、宣伝からも冷たい目で見られ、

ぼくは営業所で、さらに孤立することになる。

しかし、営業所内で小さなできごとが起きた。

地方の小規模店の電話営業を担当するアルバイトさんが、ぼくが隣の電話で、暑苦しく日々繰り返すトークに感化されたのか、担当店でもそのアーティストを薦めてくれるようになったのだ。

その頃から、営業所内の空気に変化の兆しが生まれた。

「あいつはダメ」から「しょうがないヤツだ」というように。半ばあきらめモードだが、風当たりが少し優しくなってきたのだ。

さらに、営業所内で応援してくれる人が、ひとり、またひとりと増え、ぼくが担当する十数店舗から、一五店、二〇店……と、その輪がじわじわと広がっていくようになった。

そうしているうち、ぼくがずっと推してきた男性アーティストのアルバムＣＤが、北海道全域でじわじわ売れ始めたのである。

ついには、ロングセラーとなり、約一年半後、なんと北海道が全国シェアの三〇パーセントを占め、北海道限定の大ヒットに。ちなみに、通常の北海道シェアは、四パーセント前後なので、その数字がいかに記録的かわかるだろう。

この経験から、**常識やルールが「正しいかどうか」ではなく、心で「納得できるかどうか」を基準に、判断することも大切であると**、学ぶことができた。

それでも、ぼくの行動は会社員としては失格。当然、組織として評価されることはなかった。だが本社にたったひとり、そんなぼくを高く評価してくれる人がいた。

北海道で三〇パーセントのシェアを獲得した、その男性アーティストを担当する、東京本社に勤務するYプロデューサーだった。

彼は、当時の業界でも有名人で、全国を揺るがすような超大型タイアップを何度も決めたり、史上最年少で課長になるなど、いわゆるスター社員。

新入社員のぼくにとっては、恐れ多くて会話もできないほどの存在だった。

そんな人が、当時二〇〇〇人もいた社内で、ぼくの存在に気付いてくれた理由。それは、「札幌に変なヤツがいる」と噂になっていたからだ。

そしてなんと、その男性アーティストのアシスタントプロデューサーとして、東京に引っ張ってくれたのだ。ぼくが、三年目から本社勤務になったのは、このためだった。

その七年後、彼はワーナーミュージック・ジャパンの社長に大抜擢されるが、ぼくは彼について転職。結局、計一〇年以上も彼の部下として働くことになる。

彼がいなければ、あれほど長期間、音楽業界で働き続けることはなかったし、プロデューサーとして、あの結果を出すこともできなかったと断言できる。

そして、現在のライフスタイルも、実現しなかっただろう。

いまはもう天国にいるYさんには、いくら感謝してもしきれない。

もしぼくが、命令に従い、どのCDもまんべんなく売るようなまっとうな営業だったら、社内評価はもう少しマシで、人間関係はもっとよかっただろう。

だが、Yさんはぼくのことを知りもしなかったはず。そして、「惚れ抜いたアーティストのためなら、どんなに反対されても暴走する」ということをしなかったら、彼にピックアップされることは決してなかっただろう。

欠点だと思っていた部分が、ぼくを救い、いまのぼくを創ってくれたのだ。

自分の心の声に従い、「自分にできることだけ」を、ただひたすらやり続けたことが、ぼくの仕事を、いや人生を、決定づけたと言える。

いまあなたがいる場所で従うべきとされる常識やルールは、本当に「絶対」だろうか。**ぼくらが従うべき絶対ルールは、「自然の摂理」だけ**というのが、ぼくの考え。

もし、**もうひとつあるとするならば、それは「あなたが心の奥底から、本気でやりたいと思えることだけ」**なのではないだろうか。

Chapter 28

すぐにできなくてもいい

ぼくは幼い頃、弟に対して、大きなコンプレックスをもっていた。

なぜなら、彼は、とんでもない優しさと思いやりをもっていたからだ。

「クリスマスプレゼントに何がほしい?」。親にそう聞かれたら、あなたはどう答えるだろうか。ぼくは迷わず、自分のほしいものを言う。ほとんどの人がきっとそう。

しかし、弟は、自分ではなく、兄であるぼくがほしがっていたオモチャの名前を口にするのだ。彼がまだ幼稚園児だった頃から、だ。

子供ながらに、「なんていいヤツなんだ」と感動していた。

そんな弟と自分を比べては、「常に自分のことを優先してしまうぼくは、なんと身勝手なんだ。もっと優しい人になりたい」と、本気で悩んでいた。それなのにぼくは、ひがみからか、つい彼に、いじわるをしてしまっていた。

やってしまった瞬間に毎回、「あっ」と後悔するが、先に口や手が動いてしまう。そして夜、布団の中で眼を閉じた瞬間、大きな罪悪感に襲われる。彼の悲しそうな顔とともに、そのシーンが何度も、頭のなかによみがえってくるのだ。

そして、寝る前の「ひとり反省会」が始まる。

「またひどいことをしてしまった、自分はなんてダメなんだ」と、自分の行動をひとつずつ振りかえり、自分を責めるのだ。「二度としません。ごめんなさいごめんなさい」——と、心の中で呪文のように唱える。

「明日こそ弟に優しくなれますように、弟のようになれますように……」と、祈るような気持ちで、毎日眠りについた。

だが次の朝起きてもぼくは同じまま。いじわるをしては夜反省、という日が続いた。

「自分はずっとこのままなのだろうか……」と思いながら、何年も何年も反省を繰り返したある日。行動する前に、初めて思いとどまることができたのである。

それでも、最初から完璧にできた訳ではない。

徐々に、「自分が願い続けた」態度や言葉を出せる割合が増えていった。そして、いつの間にか、弟に対して、心から納得できる行動ができるようになったのだ。

奇跡は起きたのだ。

そんな弟とは、いまではお互いを名前で呼び合う親友であり、仕事でも刺激を与え合う同志のような、最高の関係になっている。

「寝る前のひとり反省会」を続けたのは、幼稚園に入る頃から小学校を卒業するまで。だから、一〇年はかかったことになる。

一年は三六五日だから、一〇年で三〇〇〇回以上という、気が遠くなるような回数の反省会を経て、ようやく願い通り、理想の自分になれた訳だ。

「三〇〇〇回やれば奇跡は起こせる」「一〇年かければなんでもできる」

少年期にこの学びを得られたことは、人生の財産となった。

そのおかげで、**すぐに結果が出なくてもあきらめず、「理想のイメージ」を願い続け、そこに向かって「小さな努力」をコツコツと重ねられる、シンプルな生き方ができる**ようになったのだ。

「考え方はすぐに変えられるが、性格は変えられない」とよく言われる。

だが、もしあなたが「人として善い方向への変化」を心から願い、そこに向かって努力し続けることができれば、必ず変われると、ぼくは断言できる。

人間は、母親の胎内にいる時は誰もが「美しい心」をもっていた。この過酷な世界に生まれた後、厳しい環境によってそれを封印したり、忘れてしまうだけなのだ。

だからぼくは、こういう言葉を使いたい。

「変わる」ではなく、「本来の自分に還る」んだ、と。

あれ以来ずっと、「親」「友達」「パートナー」「同僚」「後輩」「態度が悪かった店員さん」といった人たちに対しての、自分のよくなかった言動を正せるよう願い、毎晩の反省会を続けてきた。

そうやっていままでも、**自分自身から逃げず、自分自身と真摯に向き合い、「本来の自分」を取り戻す努力を続けている。**

これは、おそらく人生で唯一、胸を張って、自分を褒められる行いかもしれない。

「人は一年でやれることを過大評価するが、一〇年でやれることを過小評価しすぎる」

友人が、ぼくの信念と同じような言葉を教えてくれた。

これは、経営の神様と呼ばれるあのピーター・ドラッカーの名言だ。

ニュージーランド移住の夢を果たすのにかかった年月は、一五年。

長い年月だったが、いまぼくは、心から幸せだと思える、

自分らしい人生を送ることができている。

「人は走れる距離を過大評価するが、歩いてたどりつける距離を過小評価しすぎる」とは、ぼくの言葉だ。

「小さな努力を重ねることで起こせる奇跡、得られる感動を、ひとりでも多くの人に味わってほしい」

そう祈りながら、今日も眠りにつきたいと思う。

Chapter 29 テクニックはなくてもいい

社会人として最初の師匠との出会いは、社会人二年目の時だった。
それは、札幌のカリスマバイヤーIさんだ。

中規模以上のCDショップでは、音楽ジャンルごとに、何をどれくらい仕入れるかをひとりの担当者が決めている。その店員さんをバイヤーと呼び、そのなかでも、担当ジャンルにものすごく詳しくて、お客さんの中にファンができるほど支持される人たちが、「カリスマバイヤー」と呼ばれるようになる。

新人がデビューする時、彼らは、そのアーティストを好きになりそうな自身のファンに、「こういうアーティストがデビューするんだけど、きっと好きだと思う」と話しかけたり、ダイレクトメールで知らせてくれたりするのだ。

そして、そんなカリスマバイヤーさんから、まだ誰も知らない最新情報を受け取った人の多くは、迷わず買っていく。つまり、カリスマバイヤーさんは、その地域のアーティストの最初の土台づくりをしてくれる、非常に重要な存在なのだ。

ソニーミュージック札幌営業所での二年目。

ぼくは、お客さんや同業者、ラジオ局やテレビ局のメディア関係者からも厚く信頼されている、著名カリスマバイヤーさんがいる大型ショップを担当することに。

それがIさんだ。でも一年前、ぼくはそのIさんに酷評されていた。

当時の札幌営業所では、新入社員が配属されると、Iさんのショップで店頭研修をさせてもらう慣習があった。ぼくも慣例通り研修に行ったのだが、そこでのぼくは、空気がまったく読めないダメ研修員だった。

接客業の経験がある人はよくわかるだろう。

店頭では、客足が増えたり、問い合わせが集中したり、大量に商品が入荷してくるなど、忙しさに大きな波がある。

しかしぼくは、その波を見ずに、先輩店員さんに話しかけたり、店全体の動きを考えずに、自分の作業に没頭するなどの失態を重ねていた。Iさんから会社には、「彼は使えないね」という報告がいっていたという。

その時の第一印象が最悪だった上に、二年目で担当になった直後、大失態をおかしてしまう。着任早々、口さえきいてもらえなくなっていた。

いくらなんでも、このままではマズい。

そう思ったぼくは、自分にできることだけを徹底的にやってみようと決心。話してくれなくても「心を込めた挨拶」くらいはできるはずだ、と。

Iさんのお店のオープンは朝一〇時。開店と同時に入って、Iさんのところへ直行。「おはようございます。今日もよろしくお願いします!」と挨拶し、自分が仕入れたCDの在庫を確認したりして、しばらくIさんの視界でウロウロしてから帰る。

これを約一カ月、繰り返し繰り返し、毎日続けたのだ。

ある日、「その挨拶もういいよ」と、苦笑いされながら言われた。

「やった！　口をきいてくれた！」と、その瞬間、心の中で小さく叫んだ。

その数日後、ついにIさんは、ぼくと話してくれるようになった。やっと、一人前の営業担当として認めてくれるようになったのだ。

それ以後、Iさんからは、貴重な音楽知識、お客さんの行動心理、他社の動向、そして社会人としてのマナーを教えていただくことに。さらに、札幌の音楽業界のキーパーソンを紹介してくださることもあった。

その後、ぼくとIさんは二人三脚で多くの新人アーティストを仕掛け、いくつかの「北海道発のヒット」を生み出すことになった。

きっかけは、毎日の、あのわずか五秒程度の挨拶だった。

「そんなの古くさくて非効率。もっとスマートな方法があるだろう」と言いたいかもしれない。ただ、当時のぼくにはそれしか思いつかなかったのだ。

重要なのは、**あきらめて立ち止まるのではなく、自分でできる範囲内のことを、まずは「やる」と決めて行動すること。そして、それをやり続けることだ。**

人間関係において本当に大切なのは、話術や心理戦などのテクニックではなく、「気持ちと行動」だ。当時のぼくのように、テクニックがない人は、ひたすら直球を投げればいい。

素直な球を、愚直に投げ続けることができれば、必ず人の心に届けることができるから。

Chapter 30

勝算はなくていい

大ヒットは、たったひとりの情熱から始まる。


これを教えてくれたのも、札幌のカリスマバイヤーのIさんだった。

Iさんは、まったく無名のアーティストでも、気に入ればとことん愛情を注ぎ、応援し続ける人だった。一度「好きだ！」と思うと、通常は売上一位を置く一等地に、誰も知らない新人の作品を並べてしまう。


レコード会社は、新人だと、店頭ポップやポスターを作らないことが多い。

そんな時、Iさんは、そのアーティストが出ている雑誌などを切り貼りして売り場を飾り付け、心のこもった手書きのコメントカードを添える。

もちろん、これにはものすごく手間がかかる。

でも、そうして愛情をこめて創ったものと、レコード会社から送られてきた印刷物と

では、お客さんに伝わる熱量が明らかに違う。Iさんの売り場はいつも、ものすごいエネルギー量を放っていた。もっと言うならば、圧倒的な「愛」に溢れていた。

そして、そのエネルギーと愛は確実にお客さんにも届いていた。

実際に、「なんだろう」と、多くのお客さんがそこで足を止めていた。確実に、Iさんの想いと情熱が伝わっていたのだ。

Iさんの愛情の大きさを象徴する、エピソードがある。

通常三〜五アーティストで使う畳四畳分ほどの大きなスペースすべてを、ぼくが推していた、前述〔Ch27〕の男性アーティストに使ってくれたのだ。

さらにIさんは、ぼくと彼に、驚くべき約束をしてくれた。

それは、その特設コーナーに、ファンレターボックスを設置し、「願かけ」として、当時の北海道では象徴的なホールだった厚生年金会館（武道館のような存在）で、彼が単独ライブをやるまで常設し続けようというのだ。

「彼がそこでライブができる日なんてこないよ」「そんな約束、守られることはないね」

と、多くの業界関係者は陰でそう笑った。

そのアーティストが低迷し、新作を出せなかった時期もずっと、そのコーナーと箱はキープされ続けた。店としては大変なリスクだ。その間、そのスペースの売上は、ほぼゼロなのだから。ぼくが東京勤務になってからも、約束は守られ続けた。

コーナーと箱が置かれてから四年後。

ついに、そのアーティストは全国的な大ブレイクを果たし、厚生年金会館でのワンマンライブが実現したのである。

そのライブのアンコールの時突然、ステージ上にIさんが呼ばれた。詰めかけた観客全員の前で、アーティストから感謝の言葉とプレゼントを受け取り、Iさんは号泣した。

その後、彼は連続でミリオンヒットを出し、いまもなお一線で活躍を続けている。

大ヒットは、たったひとりの情熱から始まる。

一〇〇万人が同時に動いて、一〇〇万枚ヒットが生まれる訳ではない。最初のひとりが発火点となり、ひとり、またひとりと「熱」が伝播していった結果なのだ。

そして、Iさんこそ、間違いなくその「最初のひとり」だった。

ぼくはIさんから、アーティストや作品をとことん愛すること、愛情をもち続けることの大切さを教わった。この学びは、心の真ん中に宿り、その後のぼくのプロデュースワークにおいての、すべての基礎となった。

人脈とテクニックを駆使し、大金を使ってどんな大きなマーケティングを展開したとしても、愛や情熱がなければ決して人の心には届かない。

そんな美しくもシンプルな真理を知れた、素晴らしい経験だった。

Chapter 31

折れなくてもいい

不変の「クレド」をもちながら、創造的な交渉ができるかどうかで人生は決まる。それは、仕事、表現活動、アーティストプロデュースにおいても同じだ。

意見が対立したり、取引先から悩ましい要求をつきつけられた時。

「面倒だな。方針を変えちゃって今回は折れよう」と、一度でもブレてしまうと、その先も変更を迫られることになり、二度と原点に立ち返ることはできなくなる。

最初にすべきは、決して妥協することのないクレドの意味と、それを設定している理由を、相手にきちんと説明すること。

それを一度伝えた後は、それと矛盾する言動は絶対にしてはいけない。

だが、「いっさい耳は貸さない」と、人の提案すべてを拒否するのもダメ。

それは、プロジェクトの進化を阻害するし、なにかを成し遂げるためにもっとも必要な、組む相手の「やる気」を完全につぶしてしまうことにもつながるからだ。

絶対軸であるクレドをもちつつも、他人の意見にも耳を貸すし、いいと思ったアイデアは、無意味なプライドは捨ててすぐ採用する。

この「傾聴」というスタンスは、人生や仕事の成否に大きく関係してくる。

逆の言い方をすると、**「譲るべきでないクレド」さえ確立できれば、固執しないで変更したり、受け入れてもいい部分が見えてくる。**

それは、大樹でたとえるとわかりやすい。

太い「幹」は嵐の時に多少は揺れるが、クレドにあたる「根」は微動だにしない。「枝」は、折れないようしなやかに大風に呼応し、「葉」は年に一度、ためらいなく地面へばっさり落としてしまう。

全体を支えるために地中奥深く、**見えないところで深化を続けるのが根。**
天（目標）に向かってゆっくり伸びながら、**少しずつ太くなっていくのが幹。**
世の中の動きや嵐にも柔軟に呼応しながら、**素早く変化し続けるのが枝。**
一切のこだわりはもたず、**違うと思ったら潔く捨ててしまう部分が葉。**

「あの人は頑固」「人の話を聞かない」と、「あの人は信念をもっている」「常に筋が通っている」は、似ているようでまったく違う。

文字通りもっとも大切な、すべての土台である「根幹」は守り抜くが、「枝葉」は、状況に合わせてためらいなく形を変え、ダイナミックに対応する。

あなたの仕事、関わっているプロジェクト、または「あなた自身」において、どこが「根・幹・枝・葉」にあたるのか、一度考えてみるといい。

さて、ここでアーティストプロデュースの話をしたい。

音楽アーティストを売り出すための戦略において、地上波テレビとどう付き合うかは重要なテーマだ。そもそも、このアーティストはテレビ出演すべきか、そうでないか。出すとしたらどんな番組が適切か。その場合、どんな演出がベストか。

テレビ局側は、番組で高い視聴率をかせぐことを絶対の目的としている。「びっくりネタ」「爆笑ネタ」「お涙ちょうだいネタ」「お色気ネタ」が視聴率をかせぐから、そういった方向への演出案を次々に提案してくる。

残念ながらこれらは、音楽という芸術に人生を賭け、誠実に生きるアーティストにとっては、ＮＧの場合がほとんどだ。

当時の高視聴率の番組は恐ろしいほどの影響力をもっていたから、アーティストを「その人らしくない（＝本来のブランドイメージとは違う）形」で出演させてしまうと、そのたった一度の露出ミスで、それまで築いてきたイメージをすべて壊してしまう可能性がある。それは最悪の事態だ。

こちらはアーティストの人生を背負っているから、先方からの要求すべてを受け入れることはできない。よって、ぼくは事前に、番組サイドとハードかつ、とても細かい交渉をする必要がある。

こんな時「クレド」こそが、ギリギリの交渉をする上での最大の武器となるのだ。

何の説明もなく「できません」の一点張りだったり、やらない理由に一貫性がなかったりすると、ただの衝突で終わり、遺恨を残してしまう。

だから、必ずクレドに立ち戻って「アーティストの人生で〝根っこ〟となるこの方針から、やっぱりそれはできません」と伝え続けないといけない。

もうひとつ忘れてはいけないのは、相手の感情面をクリアにするために、どんなに面倒でも、できる限りていねいかつ論理的な説明に徹すること。

そうすることで、相手の納得度は高まり、「わかりました。ではこのやり方ならどう?」と、「枝葉」の部分をすり合わせる交渉に入ってくれる。

目的は、こちらだけに利益を誘導して、ひとり勝ちして相手に不利益を与えることではない。**重要なのは、「お互いにベストな形」を見つけ出すこと。**

ぼくの経験上、価値観がまったく違う相手でも、「共生」も「共創」も可能だ。

それぞれにとっての「根・幹・枝・葉」をハッキリさせた上で、ポジティブに向き合えば、双方が幸せになれる創造的な関係を築くことは可能なのである。

第7章

感性

Chapter 32

「ノート」はとらなくていい

「さあ、みなさん、今日はクリエイティブになってみましょう」

ワーナーミュージックを辞める前の年。非常勤講師を務めた京都精華大学で、大尊敬するオノ・ヨーコさんの講義を聴講した。

冒頭の言葉は、その講義の最初に、彼女が満面の笑みで放ったひと言。そのセリフを聞いた瞬間、ぼくの心は沸騰し、感性が解き放たれた。

それまでは、彼女の言葉を聞きたい、何かを吸収したいという、受け身の姿勢だったが、「クリエイティブになろう」と言われた瞬間、

「自分のなかで化学反応を起こしたい、そこから何かを生み出したい」

という能動的な気持ちになった。講義はとんでもなく楽しくて、その間ずっと、新しいアイデアがどんどんわいてきた。

それ以来ぼくは、大学で講義をする時は必ず最初に、

「みんな、この九〇分間だけでいいから、『アーティスト』になってみない？」

と言うようになった。これだけでは伝わらないから、こう続ける。

「ここにいる誰もが、その人にしかないオリジナリティをもっていて、それぞれが唯一無二の特別な存在」

「そして、生きる行為自体が表現活動なんだ。だから、ここにいる全員がアーティストなんだよ」

その直後、「え⁉　特別？　アーティスト！　この人は何を言ってるんだ？　自分は普通だよ……」と、教室がざわつき始める。

「人類七〇億人いるけど、同じ人も、普通の人も、ひとりもいないんだよ」

「騙されたと思って。自分はアーティストで、他の人にはないオリジナルな才能が眠っていると信じて、この講義を受けてみてほしい」

「九〇分間くらい騙されてもいいでしょ。寝るか、騙されるかのどっちか選んで」

このあたりから学生たちが、「なんだかおもしろそう」という顔つきになってくる。

そして、それを見ながらぼくもゾクゾク。

「ぼくの講義はトークライブだ。音楽ではなく、ぼくの言葉のシャワーをみんなに浴びせるから。音楽を聴くように体で受け取ってほしいんだ」

「今日は、頭で憶えないといけないことは何ひとつない。だから、普段の授業ノートはしまっていい。思考は止めて、心を解放してみて」

「ただ、メモはとってもいいよ。もし途中、何かを感じたりひらめいたりしたら、その断片だけを書きとってみて。スマホ、手のひら、手帳、パソコン、何でもいい。メモの方法はフリースタイル!」

「文章にしなくていい。採点されないし、誰かに見せるためのものでもない、自分だけのもの。誰にも見せない日記のような、自分のためだけのメモだ」

「ぼくが言うことを書き写すことじゃないよ。コンサートに行って、歌詞や音符をノートに記録しないよね。歌や音を感じ、震えたり、涙が出たりするよね」

「感覚を全開にしてほしい。その後、あなたの心にわき上がる衝動と、体に現れる現象を、しっかり感じとってもらいたいんだ」

「そうしているうちに、『ひらめき』や『思いつき』がわいてきて、止めていた頭脳が突然フル稼働し始める」

「そうなったら、ぼくの話は聞かなくていい。そのアイデアを頭の中でふくらませて、夢中になって自分だけの世界に入るんだ」

単位のために教室に来ていた学生たちが、楽しそうにキラキラし始める。これが、人が純粋さと情熱を取り戻し、クリエイティブになる瞬間だ。

この段階で、多くの学生が夢中になり、周りの目を気にしなくなり、自分だけに集中し始める。教室の空気感も完全に変わる。

これこそが、人が「アーティスト」になっている状態。

そんな姿を見るたび、すべての人の中に「アーティスト性」があるんだと、ぼくは確信する。そうなったらこっちのもの。そんな日のトークライブは成功だ。

自身の内側に生まれてくる「小さな感覚」を感じとり、耳を傾ける。この行為こそが、あなたの「オリジナリティ」を目覚めさせ、本来誰もがもっているアーティスト性を再起動させる、第一歩になるのだ。

「アーティスト性というのは、一部の天才だけがもつ特別な才能」

そう思っている人は多いだろう。ぼくも、かつてはそう思っていた。

だが、すべての人にアーティスト性はある。

これは、約一〇年間の音楽アーティストのプロデュース、八年続けてきた、クリエイターや起業家といった「無名の個人」の育成とブランディング。

そして一〇年以上にわたり、数千人の大学生と接してきた講義活動という、ぼくのこれまでのキャリアすべてから学んだ、紛れもない事実だ。

そして、やり方さえわかれば、誰でもクリエイティブになれて、あなたのアーティスト性を覚醒させることができる。

①頭ではなく心で「受け止める」
②体に現れる現象を「感じとる」
③頭に浮かんでくるアイデアを「拾う」
④アイデアを他人に伝えるために「言語化する」

①②の「感覚」を優先することが大切で、手を動かす③④は後。この順番は絶対だ。頭を使って「他人に伝えること」を意識するのは、④の最終段階のみ。

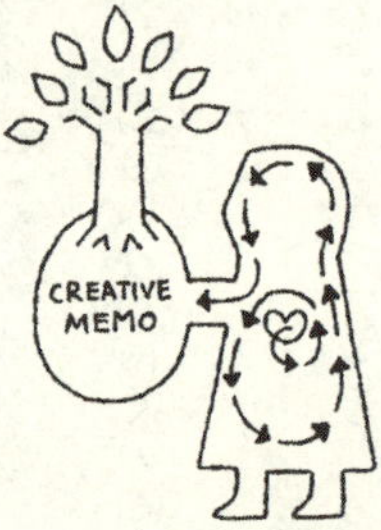

①②③の段階では、他者の眼を意識する必要はない。また、手と頭を動かしてすべてを書きとろうとするような、「外部情報を記録するだけ」の行為に意味はない。

③の自分の「内側」からわいてくるひらめきは、文章にせずに、必ず断片的な言葉でメモること。この段階で文にすると、頭が過剰に働くため、余計なノイズが混ざり、アイデアの純度が下がってしまうからだ。

こういった**「ひらめきの断片」をできるだけ多く拾い集める努力を続けるうちに、誰もがクリエイティブになれる。**

その断片こそが、あなたのオリジナリティを創り、あなただけのアイデアを生み出す、貴重な「宝＝部品」となるのだ。

ぼくはこれを、中学生の頃から続けており、働き始めてからは独自のメソッド「クリエイティブメモ」としてさらに進化させた。

この習慣こそが、仕事で数々のヒットを導きだし、ぼくのこのユニークな人生をデザインしてくれたと言っていいだろう。

誰にでもできる、たったこれだけのシンプルな習慣が、あなたの働き方と生き方を豊かにし、あなたのアーティスト性を呼び覚ましてくれるのだ。

Chapter 33

純粋なまま生きていい

世代や時代を超えて多くの人に愛され続ける歌は、たったひとりの「純情な想い」から生まれたものだ。「一〇〇万枚売れる曲を作ろう」と、最初から頭で計算して創られたものではない。

そして、そういった曲のほとんどが、「自分自身」「すぐ近くにいる大切な人」「生涯忘れることができない人」といった、人生において特別な存在の、「あるひとり」に向けた純朴で熱い気持ちから生まれている。

それは最初に、つくった本人の心を震わせ、次に、すぐそばにいる人の心を強く動かす。歌う本人と目の前で聴く者が感動できない曲が、遠くの見知らぬ人の心に届くことは、決してない。実際に、ぼくが関わったヒットソングのほとんどが、個人的かつ無垢な想いをベースとし、「誰かひとり」のためにつくられていた。

ランキング初登場三位となった、ある女性シンガーのデビューソングは、自分自身への応援歌だった。

短期間で三〇〇万ダウンロードを突破したメガヒットソングは、故郷に残した恋人のことを思って書いた曲だった。

テレビ、ラジオ、有線放送などで、記録的なオンエア回数を記録したあるバラードは、ひとりで苦しむ大切な友に、「いつも一緒」というメッセージを届けるためのものだった。

もしそこに、「売れる曲を」というような邪念が入っていたら、歌に込められた想いの強さは弱まり、あれほど多くの人に届かなかったはずだ。

仮にアーティスト本人が純粋でも、プロデュースする側は、そういう下心をもってしまいがちだ。売れる曲にすべく無理矢理、過剰に加工してしまっていたら、その曲が本来もっていた熱も純度も下がってしまう。

ぼくは、この仮説を確かめたくて、時代を超えて歌い継がれている名曲を創ったアー

ティストに会うたび、「この曲は、どうやって生まれましたか？」という、ひとつの質問をし続けた。

すると、多くの人が「あるひとりのために書いた」と答えたのだ。

言葉の一つひとつが、特定の誰かに真っ直ぐ向けられていれば、歌い手と聴く人の関係が「一対一」になり、自然に、リスナーの心の奥へ入り込む。

ここでたとえ話をひとつ。あなたには「どうしても伝えたいこと」がある。

①伝えるための技術を盛り込んだプレゼン資料を準備し、会場全体を見渡しながら「みなさん聞いてもらっていいですか」と冷静に話し出す。

②何の準備もなく、伝えたい相手を両手で捕まえ、真っ直ぐ眼を見つめ「聞いてほしいことがあるんです」と熱く切り出す。

どちらが強く伝わるかは説明不要だろう。

「あの人に届けたい」という想いを抱く前に、「相手のウケ」や「最大公約数」を狙ってしまうと結局は誰の心にも届かないで終わる。

ぼくが知るなかでも、ジョン・レノンの『イマジン』という曲は、「時代を超えて残る作品」の代表格だろう。ぼくが世界でいちばん好きな歌。この名曲を知っている人は、「?」と思うかもしれない。『イマジン』のテーマは壮大で、ワールドピース。つまり人類の平和だから。

これはぼくの個人的な解釈だが、ジョンは溺愛していた妻のオノ・ヨーコさんのため、純真な想いで『イマジン』を書いた気がするのだ。

彼女は当時、時代の最先端をゆくピースアートの前衛芸術家だった。

あの曲の歌詞は、彼女が必死になって世界へ伝えようとしていた平和へのメッセージ

であり、あの曲を創って歌う行為自体が、ヨーコさんへの真っ直ぐな愛情表現にもなっているのではないかと。

つまり、『イマジン』は、愛する人のために創られた個人的な曲。あくまで一対一という濁りのない関係をベースにしながらも、世界平和という大きなテーマを訴えている。それが一人ひとりの心の最奥まで届いたからこそ、地球上でもっとも愛され、社会を変える大きな歌となった。

余計な打算も、不純物も混ざらない、「たったひとりのための歌」。そんな、純度一〇〇%の、大自然に負けないくらい「超ピュアで熱いエネルギー体」だったからこそ起きたミラクルだと思うのだ。

これはなにも音楽に限らない。
モノ、サービス、コンテンツなどの商品。絵画、写真、デザイン、文章などの作品。または、会話、チャット、服選び、ブログやSNSでの発信といった、日々の表現活動など。人間が創るもの、表現するものすべて同じ、というのがぼくの持論だ。

生み出す瞬間に、他人の評価や反応を考えてしまうと、そのアイデアの純度は確実に下がる。あくまで自身の想いや情熱といった、衝動をきっかけにすべきなのに、頭でっかちになった現代人には、これが意外と難しい。

自分の中心から生まれる「本物の衝動」とはなにか。それは「損得」「打算」「見栄」といった、頭がつくり出す「ニセの衝動」である邪念や我欲とはまったく違うもの。

不純物ゼロの「好き」「楽しい」「やりたい」といった、純粋で熱い気持ちから生まれたものこそが、もっとも美しく、人の心を打つのだ。

「一〇〇万人に届く歌は、誰かひとりのためにつくられたもの」

人生で、仕事で、恋愛でもし迷ったら、この言葉を思い出してほしい。

Chapter
34
頭で計算できなくてもいい

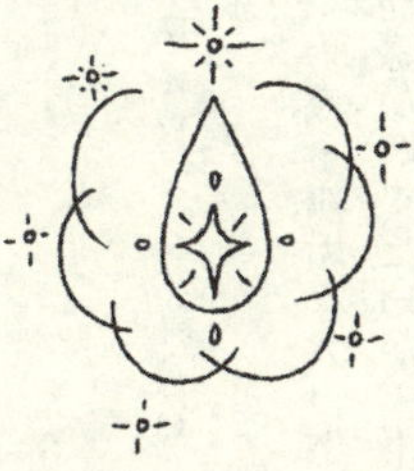

歌い継がれる名曲を創ったアーティストに「曲の誕生秘話」を聞き回っていた時、もうふたつの共通点があることに気付いた。

ひとつは、「あっという間にできた」というエピソードが多かったこと。

中には、「大きな力によって書かされた気がした」「この曲はたまたま自分という媒介を通して生まれただけ」「自分の所有物である感覚がない」という人もいた。

そう語る彼らの大半が、「人生の奇跡に遭遇した」という感慨深げな表情を見せた。

これら予想外の答えに、ぼくは強い興味をそそられ、考察を重ねた結果、自分なりに出した仮説がある。

それは、時代を超えて残る曲の多くは、無意識のうちに、自然にわいてくるように生みだされているのではないか、というもの。

それはまるで、大自然がまったく無理をせずに、毎日あたり前のように荘厳な朝焼けや夕陽をつくり出すように。

当然、そこには、いっさいの「計算」や「人為的な加工」がない。

そしてもうひとつの共通点は、それらの曲の構造が「とてもシンプル」ということ。メロディも歌詞も、そしてサウンドも。

最新の音楽理論に基づいて計算し尽くされた、奇抜で複雑な曲が売れることもあるが、不思議なことに、それらはすぐに消費されて消えてしまう。

いっぽう、人の心に残り続ける歌には、大地や大空がつくり出す、美しい自然現象のような、シンプルに流れる雄大さと、強い普遍性を感じるのだ。

そう思えるようになったのは、ライフワークとなっているフライフィッシング冒険で、何度も同じような経験をしているからだ。

過酷な山道を何時間も、時に数日かけて歩いてやっとたどり着く、完全無垢な大自然の奥地では、「釣りたい」という邪念が強いと、ぼくの存在に異物感が増すためか、不思議なほど魚が釣れない時がある。

しかし、呼吸が安定して思考が自然に止まり、意識が胸のあたりに落ちてきて「あるがまま」という感覚になれた時、突然、釣れ出したりする。

リスナーやユーザーの本能も、自然の生き物たち同様に、人間が頭で作為的に生みだした欲望や、作品に混ざり込む「不純物」ともいえる雑念や下心に、強い違和感を感じとるのではないかと思っている。

こんな時、「頭の計算なんてたかが知れている」と、つくづく思うのだ。

たとえば、多くのプロデューサーは、担当する音楽アーティストのライブに立ち会う時、つい職業柄、「いま音程を外した」とか、「テンポがちょっとズレた」とか、技術的なことが気になってくる。

「うまい」ことが「いい」ことだと、頭で勘違いしている状態。

でも、それは本当に大切なことだろうか。

観客は、そんなことを考えながらライブを観ていない。ただ、楽しいか、気持ちいいか、または好きか嫌いか、それだけだ。

感極まったミュージシャンが、歌えなくなったりすることがある。「リハーサルで完成させたステージを再現する」という点で見るとダメかもしれないが、観る者は「頭」ではなく「心」でそこに感動するものだ。

そう。ぼくが繰り返し伝えてきたメッセージ。何よりも優先すべきは「感じる」ことなのだ。

だから、ぼくはアーティストの新曲を「初めて」聴く時は必ず、歌詞は見ないで目を閉じ、頭を空っぽにして「心」で対峙するようにしている。

だが「無心になろう」としすぎると逆にダメ。そういう時は、呼吸だけに意識を集中させ、思考をストップさせた状態で耳を澄ませる。まるで瞑想するように。

そうやって、**「初めて」その曲を聴いた時に、体で、心で、どう感じるかがとても重要なのだ。この「二度と来ない初体験」の瞬間を逃してはならない**のである。

二回目以降に、同じことをやっても意味はない。なぜなら、過去に一度でも聴いたことがあると、必ず「既聴感」が残る。それが邪魔をして心の反応を鈍らせ、感性のもっとも敏感な部分が二度と起動しないからだ。

胸がジーンとするとか、お腹がゾクッとするとか、鳥肌が立つとか。頭ではなく、心で感じると、体にちょっとした変化が表れる。これらはすべて、ぼくが手がけたヒットソングの「初試聴」時に体に出た現象だ。

このスタンスは、音楽に限らず、写真や言葉、デザインや映像といったアート、または人や景色と最初に対峙する時もまったく同じ。

「心での感じ方」や「体感」をたよりに、ものごとや人と接してみよう。

体の「端っこ」にある頭ではなく、体の「真ん中」に位置するその心から、自然に「何か」がわいてきた時、できる限りそれをそのまま受け取ろう。

記憶力や計算力などの、「知能指数＝左脳の能力」には、残念ながら大きな個人差があるが、「感じる能力」には個人の差はまったくない。

本来、**人は誰もが、生まれながらに美しくピュアな「心」をもっていて、そのもっとも繊細な部分をフル稼働させて生きるべき**なんだ。

頭に頼りすぎると、些末でどうでもいいことに意識がいってしまい、大切なことを逃しがちになる。まず頭から入る人は、計算高くなり、気付かぬうちにすべてを損得で判断して、本質を見失ってしまう。

そうやって生きているうちに、思考と発言は冷たくなり、行動も小さくなり、人間としての器もどんどんちっぽけになっていく。

周りにたくさんいる、そんなつまらないオトナにならないように、あの「生まれた頃」を思い出し、いまこの瞬間から心を再起動させてほしい。

Chapter 35

想いは隠さなくていい

この世に音楽が生まれた理由をご存じだろうか。

人間と猿の違いは何か、という問いに対して「火を使う」「道具を使う」「言葉を使う」という、いくつかの文化人類学的な学説がある。

だがぼくは、何をするより前に「歌ったこと」が人間と動物を区別したという学説がいちばん好きだ。


人類が言葉を使う前、ある感情や衝動をどうしても伝えたくて、叫んだことが「人間の始まり」だったという。

「何日も雨が降らない。このままだと家族が危ない。明日こそ降ってくれ」

それを天に伝えるために、空に向かって叫んだ。

「目の前のこの女性にこの愛の気持ちを伝えたくて伝えたくて」

どうしようもなくなった時、堪えきれずに叫んだ。そういった感情の爆発である、純真な「叫び」が、だんだん歌になっていったという。まるで、美しい小説のワンフレーズのようではないか。

次は、友達の、あるシンガーソングライターから聞いた話。

世界には、戦争やテロ、貧困や飢餓、差別や格差といった社会問題が無数にある。愛する人が他界したり、恋人以外の人を好きになってしまったり、どうしようもないこともたくさん起きる。万能なはずの、神様にも科学にも解決できない。だからこそ、芸術が生まれたのではないか、というのだ。

そういった不条理と向き合い、乗り越えるために芸術が存在し、自分たちを救うために、ぼくらは音楽、絵画、文学を創り出すのだと思うと、そのアーティストは話してくれた。

彼自身がまさに、そういう境地で曲を創ってきたという。

彼には昔、ものすごく愛した女性がいた。

色んな事情があり、その彼女は別の男性のもとへ。哀しみで死ぬんじゃないかと思うくらいになった時、その感情をそのまま曲にしたら、三日間で一九曲も書けたという。

その時彼は、歌が、芸術が、生まれた理由を実感したという。

そんな彼には、聴く者すべてを泣かせるほどの名曲がある。

障害をもって生まれた女の子が、凄絶な痛みに苦しみながら最後は命を落としてしまう。その姿を目撃した彼は悶絶し、整理できない感情をそのまま歌にした。

人間の「表現」に宿るエネルギーの源泉は、こういった魂に刻み込まれるような体験から来るものなのだと、確信できたエピソードだった。

そして、音楽を「つくる側」に限らず、「届ける側」にも同じような心構えが必要だというマーケティング哲学に、ぼくは行き着いた。

数度のミリオンを記録した、男性デュオのプロデュースに携わった時。「彼らの存在を、ダメ男だった中学生の頃の、ぼく自身に届けたい」という強い気持ちを維持できたから、誰よりも本気でやれた。結果、彼らを売るためのプランニングやメディア戦術の精度も、ぼくの行動力も、最高レベルまで高められた。

ある意味、こういったぼくの「個人的で純粋な想い」こそが、これまでのあらゆる成果のエネルギー源になっていたといえる。

まず、あなたの中心部分から泉のごとく無限にわいてくる、そのピュアな「再生可能エネルギー」をすべての原動力にすること。

次に、その美しい自然エネルギーを使って、人類に与えられた「最強ツールである頭脳」をフル稼働させる。

その段階で初めて、どうすればその想いを人に余さず伝えられ、多くに広げられるかを考え抜き、「説得力のある理論」「計算し尽くされた戦略」「緻密なテクニック」を追求してほしいんだ。

繰り返し言おう。**頭脳はあくまで「道具」であって「動力源」ではない。すべての始まりは「無垢で熱い想い」でないといけないということ。**

ちなみに、ぼくの周りで、圧倒的な結果を出し続けている人は全員、驚くほど純情だ。そして彼らには、常に自分の心に正直で、人生と仕事を熱く愛しているという共通点があることを、ぜひ知っておいていただきたい。

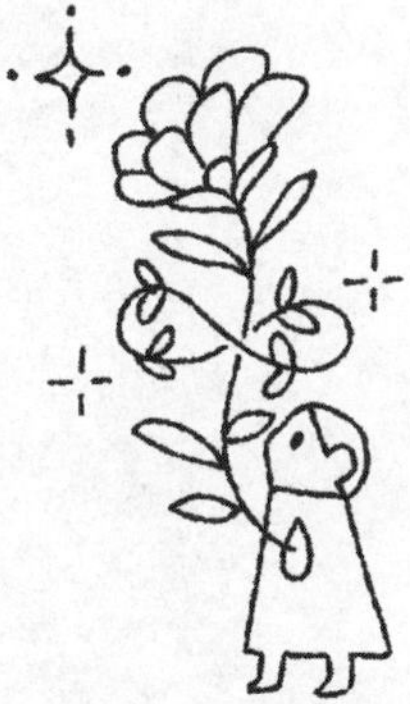

第8章

挑戦

Chapter 36
具体的な夢がなくてもいい

「夢はもった方がいいかもしれないが、具体的じゃなくていい」

「どの会社に入りたいか、どの職業につきたいかは、実は重要じゃない」

これは、「夢や目標がない。将来どうしたらいいかわからない」というような、仕事や人生で悩む学生から相談を受ける時、必ず伝える言葉だ。

「夢＝具体的な職業」

こう考えていると、自分で自分を苦しめてしまうことになるからだ。

ぼくもかつて、具体的なある夢を目指して何年も頑張ったのに、成し遂げることができず、「人生終わった……」とひどく落ち込んだ経験がある。

ここで、ぼくの就職活動と、なぜレコード会社に入ったかの話をしたい。

「NHKに入って、社会を変えるようなドキュメンタリー番組をつくる」

学生時代ずっと、こんな夢をもっていた。

そのために四年間、新聞全紙を大学の図書館で毎日読み、ドキュメンタリーを観まくり、社会派ノンフィクションの本を読みあさった。ジャーナリストの講演やセミナーにも足を運ぶなど、可能な限りの勉強と努力をした。

実は、第二志望もあった。それは、教員になること。

そのために大学で英語教師の免許を取得。NHKがダメだった時は、中学か高校の先生になるつもりでいた。

大学生の頃、本気で世の中を変えたいと思っていた。

自分が受けたいじめ、助けてくれなかった周りのオトナたち、言葉の暴力をふるう一部の教師たち、目に見えて破壊されていく自然環境。

色んな経験から、人や自然に対して冷たい社会のあり方に、強い疑問をもつようになり、そんな世の中を、自分の手で変えたいと考えていたのだ。社会告発ドキュメンタリーをつくりたい。もしくは教壇に立ち、昔の自分のように苦しむ子供たちにメッセージを発したい、救いたいと。

当時のＮＨＫの入社試験は、高度な筆記と、何度も繰り返される難しい面接が特徴だった。そのために「ここは筆記対策」「ここは面接対策」と、綿密な戦略を立てて、練習台となる企業をいくつか受けて、本番に備えた。

だが、ＮＨＫの最終面接で落ち、「夢」は叶わなかった。とても悔しかった。

それを受けて、ぼくは予定通り教職の道を選ぶことに。

だが、教員課程の最後、「教育実習」でお世話になった高校時代の恩師にそのことを告げると、「おまえのような志で学校の先生になる者は、社会経験をした方がいい」「昨日まで生徒だった者が、明日から突然、先生になって英語以外のなにを伝えられるんだ」と、言われたのだ。「ガーン」という衝撃を受けたことをいまでも覚えている。

そこで、ＮＨＫの「面接対策」として受けたソニーミュージックから内定を得ていたことを思い出し、「おもしろい社会経験ができるだろう」という、まったく根拠のない想像から入社したのだ。

志望外だった音楽業界で働くうち、「自分はもともと、こんなことを成し遂げたかったんだ」と実感する瞬間が何度もあった。

担当するアーティストの迫真のライブで、涙を流してくれる人。アーティストが魂を込めてつくった曲に、救われたと手紙をくれる人。

アーティストの音楽とメッセージを日本中に届けることで、過去のぼくのようにいじめに遭ったり、社会でつらい思いをしている人たちを、応援することができたのである。

ぼくはようやく、気が付いた。ぼくの夢は「ＮＨＫに入ること」でも「ドキュメンタリー番組を作ること」でもなかったことに。

「人の心を大きく揺り動かせるものをつくり、届けること」。そして、「世の中が少しでもいい方向へ動くように貢献すること」だったのだと。

その方法は、映像だろうが音楽だろうが、教壇だろうがモノづくりだろうが関係ない。

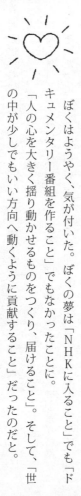

もっと言うと「なんでもよかった」んだと。

つまり、**会社や職業とはあくまで「夢＝目的地」にたどり着くための、単なる「乗り物＝手段」ということ。その目的地にたどり着けるなら、その夢を実現できるなら、乗り物はなんだっていい**はずだ。

ＮＨＫに入社できなくてもいい。ドキュメンタリーが作れなくてもいい。レコード会社の仕事を通して、ぼくの夢は叶えられていたのだ。夢中になっているうちにぼくは、ソニーミュージックで九年、ワーナーミュージックで五年半と、音楽業界で一五年近くも働き続けた。

社会人一二年目、もうひとつの「夢」が叶った。プロデューサーとして、大きな成果を挙げられたおかげで、上智大学で非常勤講師となり、教壇に立つという機会を得た。そして、いまでは、たくさんの大学に呼ばれるまでになったのだ。

音楽の仕事をしながらも、「いつかは教壇に立ちたい」というビジョンを抱き続け、それを周りに言い続けてきた結果でもある。

だがなによりも、あの恩師のひとことのおかげだ。まさに、あのアドバイス通り、自分の社会経験が大学で話す内容に一〇〇％活きている。

「なりたいもの」にならなくても、夢と目標は達成できたということだ。

たとえば、第一志望の商社の入社試験や、弁護士になるための司法試験に落ちたら、あなたの夢は、人生は終わりなのか。そんなことはない。

なりたい仕事につけなかったからといって、「自分はダメなんだ」と思わなくてもいい。それは単に「ひとつの乗り物」をやり過ごしてしまっただけで、「目的地」にたどり着けないと決まった訳ではない。

大切なのはその先にある目的地。その職業を通して「成し遂げたいこと」だ。

「夢が叶わなかった」と思ったことがある人。

そんな人はぜひ、**「その、夢だと思っていたものを通して、実現したかったことは何か」を思い出してみてほしい。その先にあるのが「本当の夢」だ。**

大切なことは、「どんな職業に就くか。どんな人になるか」ではない。

人生を賭けて追求すべきは、「なにをやりたいか。成し遂げたいか」なはずだ。

大学生の頃の「世の中を変えたい」という想いはいまでも変わらない。

そして、いままた違う「乗り物」に乗り換えて、その目的地に向かっている途中の道のりにぼくもいる。このことを最後にお伝えして、ここを締めくくりたい。

Chapter
37
勝たなくていい

ぼくは、フライフィッシングを通して、マーケティングに必要な、ある大切なことを学んでいた。

まずこの釣りには、フライ（毛バリ）をつくる技術がいる。

そして、「対象魚と、エサとなる生き物たちの生態」「川・湖・海に関する豊富な知識」「それを取り囲む森などの環境、天候、地球エコシステムへの深い洞察」。これらすべてを身につけておく必要がある。

さらにぼくの場合、大自然の奥地に生息する巨大魚を求め、衣食住一式を背負って一週間以上歩き続けるような冒険をするため、相応の体力も備えておかないといけない。

つまり、芸術家のような感性、学者なみの博識、そしてアスリートのような身体能力が要求される、ということだ。

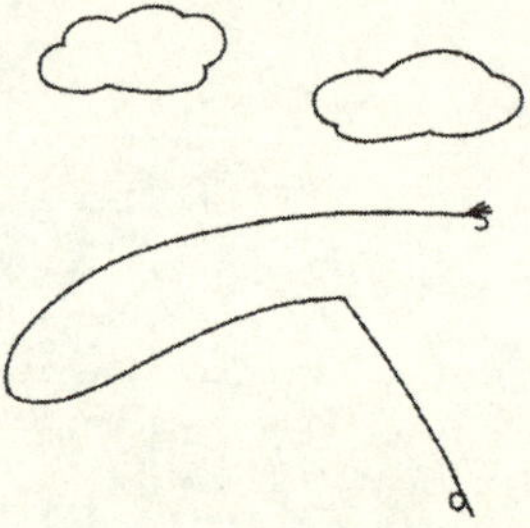

フライフィッシングの最大の魅力は、すぐに釣れないところ。

なぜなら、ミミズなどの「生きエサ」を使えば簡単に釣れるのに、わざわざ「手作りのニセモノ（フライ）」を使う訳だから。

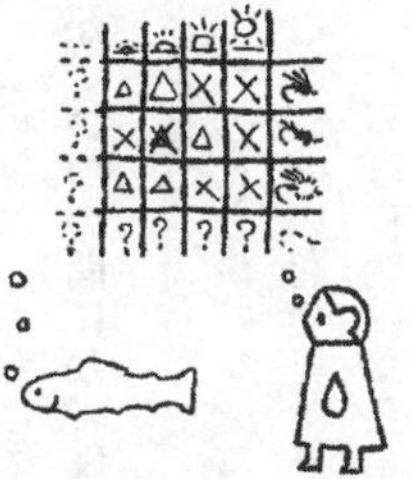

むやみに竿を振り続けてもだめ。魚が食べているものを予想し、それに似せたフライをつくる。それを釣り場で試し、魚の反応を見る。家でフライを改良して、また釣り場へ。

これを何度も繰り返す。さらに、違う時間帯に釣り場へ行き、道具を調整し、フライの流し方を変え、と、果てしない試行錯誤を続けるのだ。


そんな苦労を重ね、同じ釣り場に何回も通い、そうして野生の大物はやっと釣れる。

そういう瞬間に遭遇すると、いまでも感動で足が震える。

人生で、ビジネスで、それなりの修羅場をくぐってきた、大のオトナが「足が震える」なんて、他ではなかなか経験できないだろう。

知力、精神力、技術、体力、自然条件のすべてがそろわないと、いい結果に結びつかない。だが、すべてそろっていたとしても、まったく釣れないこともある。
難しいからこそ、フライフィッシングはおもしろい。

そもそも、釣りでは「釣れない時間＝失敗する確率」が、九割以上だ。つまり、魚と糸でつながっている時間は、わずか一割未満。

この経験のおかげで、**「失敗を恐れない」「失敗から必ず何かを学ぶ」という行動習慣が、いつの間にか、ぼくの体にインストールされていた**のだ。

二〇代最後の年。富士山のふもとを流れる、きれいなわき水の川で、悠々と泳ぐ巨大なニジマスを発見。その日から、その魚を釣るために、その川に通い詰めることに。

平日は夜明けから会社に行くまで、休日は朝から日没までと、家から車で一時間半かけて、とりつかれたようにぼくは、彼のもとへ通いつめた。

彼はいつも同じエリアにいて、時にはその深場でじっと動かず、また時には浅瀬でエサを食べている。深場にいる時は手も足も出ない。丸一日、流れの奥にうっすらと見えるその姿を眺めるだけで、竿を振らずに帰った日も。

そして通うこと約一カ月、ついに、彼を釣り上げた。ぼくは勝ったのだ。

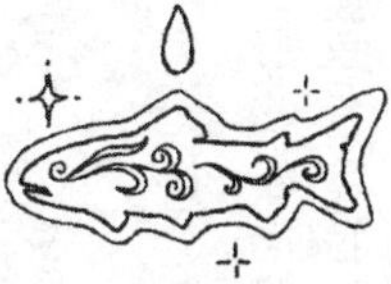

全長ジャスト七〇センチ。日本では一生に一尾釣れるかどうかの大物。
老衰なのか、片目が白くにごり、おそらく視力はなかっただろう。
それでも、もう片方の眼力は鋭く、肉体は神々しく輝いていた。
水中に両手を入れてその老ニジマスを抱きかかえた時、圧倒的な野生の迫力に体が震え、涙があふれてきた。その瞬間わかったのだ。

ぼくは、勝ってなどいない。この野生魚は、ぼくなんかより何倍も偉大だ。

この美しき生き物は、一生の不覚ともいえる一瞬の気の緩みか、もしくはちょっとした気まぐれで、たまたま、無力で哀れな人間の相手をしてくれただけなのだと。


その時の、勝ち負けを超越した空しい境地。

これは実は、ミリオンを超えるような大ヒットに直面した瞬間に感じる、なんともいえない無力感と同じだった。

発売の六〜九ヵ月前に開かれる、マーケティング戦略会議では、売上目標を資料に書かないといけない。ある時、嘲笑を買いながら、女性シンガーの1stアルバムに、「一〇〇万枚」を公約したこともあった(のちに実現)。

でも、ミリオンセラーなんて狙ってできる訳ではないことは、たくさんのヒットに立ち会ってきたぼく自身がいちばんわかっている。

マーケティングは、フライフィッシングと同じ。

あらゆる創意工夫と試行錯誤を重ねた末、魚が釣れた時には、自分の戦略が正しかったとか、魚や自然界に勝った、と勘違いしてしまうものだ。

でも、実はそうではない。

野生の生き物は、ぬるま湯の文明社会に生きるぼくらと違い、数千倍もの熾烈な生存競争を生き抜いてきた強者たち。そして、厳しい自然界は、美しくシンプルに循環していて、そこにはいっさいの矛盾がない。

いっぽう人間は、自然界では身ひとつで生きることもできない、弱い生き物。矛盾と不正だらけの社会に生きる、複雑でいびつな生き物だ。

そもそも人間は、大自然や野生の動植物たちからは、相手にもしてもらえない存在。まず、そのことを自覚し、心に刻み込まないといけない。

だからこそ、狙って釣れるようなものではないし、釣れた時には自然と謙虚な気持ちになり、「運」と呼ばれる「何か大きな存在」への感謝の念がわいてくる。

どのミリオンヒットも、ある一線を越えてからは、自分の手を離れて「何か大きな存在」が動き出し、勝手に恐ろしいほどの売上枚数にのぼりつめ、いつの間にか日本中に届いていくような不思議な感覚があった。

そこにはもう「自分が売った」という、傲慢な気持ちはまったくない。

自分で把握してつくれる売上は、感覚的には一〇万枚が限界。その先は、狙ってつくれる数字ではない、というのがぼくの感覚。


自分の能力を過信しない。大きな成果が出た時も冷静さを忘れない。

この「謙虚な境地」こそ、社会現象となるようなヒットやムーブメントに、連続で立ち会うために必要なスキルなのではないだろうか。

これまで仕事でさまざまなヒットに遭遇できたのは、フライフィッシングから、**「自分が無力であると知ること」と「自分が置かれた状況を俯瞰視すること」の大切さ**を教えてもらったことが大きかったと考えている。

「マーケット」とは、「大自然」と同じで人間が関与できない、「ある秩序」によって成り立っている。数億円単位のマーケティングプランを投下しても、マーケットとは結局のところ、大自然と同じく「コントロール不可能である」というのが、リアルな経験から得たぼくの知見だ。

だからこそ「たくさんの人になにかを届けるための挑戦=マーケティング」はおもしろい。フライフィッシングと同じ、この「ゾクゾクするほどの喜び」のために全力をかけて臨みたくなるのだ。

Chapter 38

できない自分でもいい

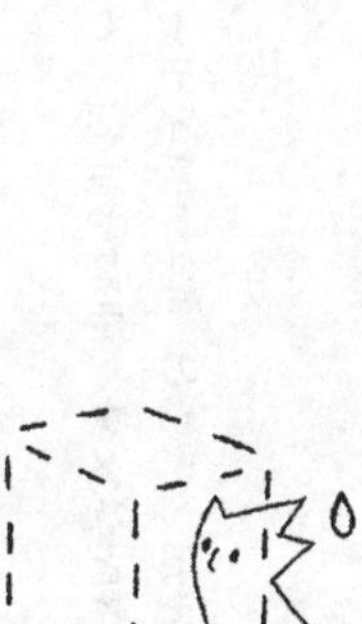

「あの人みたいになりたい」

そういう、憧れの存在を見つけて、そこに近づいていくために努力するのも、成長するひとつの方法かもしれない。しかし、自分とは違う「誰か」を目標にすることには、危険があることも知っておいてほしい。

ひどい赤面症だった、中学・高校時代。

あの頃は、「できない自分」を許せず、ただただ「恥ずかしい。直さなくては」という思いにばかり、とらわれていた。

教室の前で堂々と立ち振る舞うクラスメートや、いつも明るく楽しい女の子にモテる友人を、遠くからながめては「うらやましい」と思っていた。

「自分もあんな風になりたい」と願いながら、彼らと自分を比べては、その差に愕然としてしまい、どんどん自分を嫌いになっていた。

それで、さらに自分に自信をなくし、人と話すことがより苦手になるという、アリ地獄のような負のスパイラルに陥ってしまっていたのだ。

自分に厳しすぎると、常に「できない自分」「ダメな自分」だけと向き合うことになる。そんな自分に嫌気がさして、「こうしてはいけない」「こうしないといけない」と、自分を縛りつけるようになる。これはあなたの存在自体を否定する行為であり、それが続くと、自分で自分を壊してしまうことになるのだ。

まさにこれは、自分自身を「オーバープロデュース」している状態。

プロデューサーが、アーティストのいいところではなく、弱点や苦手、ダメなところばかり言及し続けていると、次第に、言われる側の「アーティスト性」の輝きが消えてしまう。こういう行為を、オーバープロデュースという。

たとえば、こういうブランディング戦略がよくある。

本人らしさは尊重せず、新人に、有名シンガーのマネをさせ、既存のヒットソングに似た曲を歌わせ、流行ファッションを着せる。どこにもある典型的な、二番煎じ戦略。専門用語でいうと「マーケットイン(市場ニーズに合わせた商品開発)」のひとつ。

一時的に売れても、社会変化が速い現代では、流行も、市場傾向もすぐ変わる。それを追い続けることは不可能で、いつかそのアーティストは破綻する。オーバープロデュースが引き起こす、最大の罪だ。

これは音楽業界に限らず、家庭や学校、そして会社でも日々起きていることだ。子にとって親、生徒にとって先生、部下にとって上司が「プロデューサー」。そんな彼らがもっともやってはいけないのが、誰かと比べてアーティストを否定する行為。

本来ならプロデューサーが育て、世の中に送り出すべきアーティストたちを、彼らが自ら日々、言葉で殺しているのが日本の現状だ。

「アーティスト殺人行為=オーバープロデュース」

ぼくがこう呼ぶ、この悲劇を、ひとつでもなくしたいと思い活動している。

もし、身に覚えのある人がいたら、今日からその行いを改めていただきたい。

ぼくは、**アーティストに「なにもしない」ことが究極のプロデュース**だと考えている。

これはあくまで、概念上のブランディング哲学であり、「究極」の場合の話であって、実際に「なにもしない」という訳ではない。


料理にたとえるとわかりやすい。

新鮮なオーガニック野菜を、化学調味料で過剰に味付けし、素材の味がわからなくなるくらい煮込むのはもったいない。塩とオリーブオイルだけ軽くかけて、そのままサラダで食べた方が美味しいし、飽きずに食べ続けられる。


最初から「その人が好きな音楽」と「個性がひきたつビジュアル戦略」、つまりその人らしさで勝負をしていたら、世の中がどうあろうと関係ない。

これは「プロダクトアウト（商品ありきの手法）」と呼ばれるもの。

高度成長期後の、市場が成熟した日本では、長い間、マーケットインが最良とされてきた。だが、ぼくは過去一度も、その手法をとったことがなく、そもそもプロダクトアウト発想しかなかった。

先輩が始めた、マーケットインのプロジェクトに関わったことがあるが、現場にはつねに無理が生じていて、結局は長続きしなかった。

ブランディングにおいて、もっとも考えなければいけないのは、「どうすれば、その人の魅力を最大限に引き出すことができるか」。

市場を分析して、その結果に合わせたり、見つけ出した空席にむりやり座らせるのではなく、そのアーティストの「唯一無二の個性＝オリジナリティ」を見つけ出して、それを際立たせ、可能な限りそのまま発信する。

そうやって、**競争相手のいない「これまでにない新しい席＝新しい市場」を創造すべきなのだ。これこそ文字通りの「マーケティング＝市場創造」**。ぼくにとっては、強豪だらけの市場に飛び込むより、単純にその方がワクワクするし、楽に思える。

時価総額世界一にもなったアップル社がその代表例。マーケットインを一切やらずに大成功を収め、世界を変えてきた。ちなみに、市場調査を無視し続けてきたアップル社のすべてのヒット製品は、あのスティーブ・ジョブズが「個人的にほしかったモノ」だったとぼくは想像している。

これぞまさに、「誰かひとりに向けてのヒットの法則」の実例だ。

先進国は異常なほどモノにあふれている。無駄なモノづくりのために貴重な地球資源を削り、途上国の人々から搾取を続けている。

「似たようなモノ、余計なモノはもういらない」「二番煎じ的なマーケットインはもうやめて」と強く思うのはぼくだけじゃないだろう。

百歩譲って、ビジネスにおいてのマーケットインはまだいいかもしれない。

でも、あなたの人生においてはあり得ないはずだ。

「こうしたらモテる」「こういう服が流行ってるから買う」

繰り返しになるが、本当のあなたと違うブランドをでっち上げても、決して続かない。

「やりたくもない、好きでもないこと」を続ける行為は「自分自身のオーバープロデュース」であり、あなた本来の輝きを殺す行為。

世の中の動きに振り回されず、あなたがいるべき場所に、しっかり根を下ろす。過度な脚色はせず、シンプルに「自分らしさ」を追求し続ける。

最強のブランディング戦略とは、社会状況とは関係なく、その人らしさ、つまり、オリジナリティを突き詰めていくこと。

あなたらしさを最大限に表現した状態こそが、あなたがもっとも美しい姿なのだ。

Chapter
39
急がなくていい

みんな急ぎすぎだ。
すぐに結果を出して、人より抜きん出ようと焦りすぎている。

ぼくが、ニュージーランド移住の夢を抱いたのは大学生の時。

親は資産家でもなく、当時のぼくはスキルもなにもない、二流大学に通う無名の若者。

厳しい社会を生き抜く自信も、仕事で成果を出す自信も、まったくナシ。

家を買うためのお金を稼ぐ方法も、永住権を取る方法も、異国の地で暮らしていく方法も、まったくわからない。できたのは、釣りとキャンプと英語くらい。

当時のぼくにとって海外移住は、いつも雲で覆われて見えない巨大な山を目指す、人生を賭けた冒険で、夢のまた夢。だが一五年間かけて、ぼくは登頂できたのだ。

フライフィッシングと並ぶ、ぼくのライフワークに「ロングトレイル登山」という冒険がある。これは、ひとつの山に登って終わりではなく、一週間以上かけて、一〇から二〇峰の山を越え、尾根づたいに山道を歩き続ける登山のこと。

その登山の初日に、はるか遠く先にかすんで見えるゴールの山を見る時、興奮すると同時に、「本当に、たどり着けるだろうか」と毎回、途方に暮れてしまう。

そんな時ぼくは、「小股でゆっくり」と、自分に言い聞かせるようにしている。

長距離をゆく登山では、大股や早足は厳禁だ。逃げ場のない過酷な大自然の中、そんなことをやってペースを乱すと、途中で力尽きて遭難してしまうからだ。

だが、自分が心地いいと感じる一定のスローペースを保ち、小股で歩き続けると、疲れず最後まで歩き通すことができる。**たとえ一歩の幅が狭く遅くても、いつか必ず目的地にたどり着く。しかも結局は、その方がより遠くまで行ける**から不思議だ。

世の中に魔法なんて存在しないと言うが、ぼくが知る限りこれぞ唯一の魔法。

そして、歩く時の荷物は少ない方がいい。

バックパックが重すぎると苦しくてつい下を向きがちになる。だが、荷が軽いと自然に顔があがり、笑顔で歩きながら周りの景色を楽しむことができる。

人生という「ロングトレイル登山」で、ずっと下向きで歩いていては意味がない。同じ長く険しい山道を歩くなら、小さな花や鳥の声、流れる雲や気持ちいい風を感じ、五感すべてで味わいながら歩いて行こう。

もしあなたが、途中の行程を楽しまず「登頂＝人生の目的達成」のためだけに生きていたら、それは即やめた方がいい。

実際の登山で頂に立てるのは一瞬だし、晴れているとは限らない。人生でも、「見たい景色はこれじゃなかった」と、頂上（ゴール）で初めて気付くことは多々ある。

生きていて、それほど空しいことはないだろう。

「寿命一〇〇年時代」と言われる現代において大切なのは、頂上までの「長い山道＝人生そのもの」を楽しむこと。

しかもぼくの人生では、**日々の道のりを楽しんだ方が、高いモチベーションとパフォーマンスが持続し、確実にいい成果につながった。**

ゆっくり根気よく歩き続ける行為は、無理のない理想的なトレーニングとなり、努力のすべてがあなたに刻み込まれ、血となり肉となる。

その結果、いつの間にか、あなたの肉体と精神は美しく鍛え上げられるのだ。

つまり、**それまでの苦労や経験はすべて、何ひとつ無駄にはならない**ということ。

人生でも、頑張ったり踏ん張ったりしないといけない瞬間がある。その時こそ、頭をフル回転させて創造性を駆使し、「楽にこなせる方法」を見つけ出してほしい。どんなことも嫌々やるのではなく「楽しんだ者勝ち」ということだ。

これは、極度の我慢や根性も不要な、誰にでもできるシンプルな方法。重い荷物を背負って走り続けられる人なんていないが、最小限の荷物で、自分の歩幅でゆっくり歩き続けることなら、あなたにもできるはず。

「よくわからない誰か」に勝つために、疲弊しながら走るのはもうやめよう。登山も人生も競争ではない。目指すは、終始ワクワクしながら長く歩き続けて、できる限り遠くまで行くこと。自分らしく最期の時まで生きること。

「荷物はできる限り軽く、
ゆっくり自分のペースと小さな歩幅で」
あなたの目標に向かって、
ぜひ今日から、その第一歩を踏み出してほしい。

Chapter 40 自分探しはしなくていい（おわりに）

いまぼくは、ニュージーランドの、湖畔に建つ自宅のテラスで、目の前に広がる紺碧の湖面を眺めながら、これまでの人生を振り返っている。

過剰なストレスに苦しんだ幼少期から三〇代半ばまで、心が壊れそうになるたびに「世の中とオトナたちが悪い」と、すべてを外部要因のせいにして生きてきた。

大学生になってからは「こんな世の中を変えたい」と思うようになった。だが、世の中も他人も変えることはできない。自分の力で変えられるのは、自分自身だけだった。

それを教えてくれたのは、大切な友であり、尊敬するある音楽アーティスト。

「世の中が憎い」というぼくの暴言を聞いた彼女は、涙を流しながらこう言った。

「すべてを愛してほしい」と。

その瞬間から突然、目の前の景色が変わりだした。

ぼくの本心はずっとそうしたがっていたのに、「いや憎い」と自分で自分を縛りつけ、心を閉ざしていたのだ。人間は醜く、美しいのは大自然だけだと言い聞かせ、森や山や湖にひとりで入っていくことで、人間社会から、自分自身から逃避していた。

でも、そんな心を解放してみたら、**「人間が創り出すもの」は、大自然が見せる絶景に負けないくらい美しい**、と思えるようになったのだ。

同時に、その絶景が生まれる時、「大自然が努力しているわけではない」という、あたり前のことにも気付けるようになった。だから、**「努力する人間」こそが、地球上でもっとも美しい**と信じられるようになったのである。

それ以降、ぼくのすぐ横に「リアル・プロデューサー」がいてくれたことに気付けるようになった。それは、家族や友、恩師や仕事仲間、そして恋人だった。

「あなたのことを心から愛し、認め、理解しようと努力し続けてくれる存在」である彼らからの、愛情深く、客観的で本気のアドバイスは、必ずあなたを救うだろう。

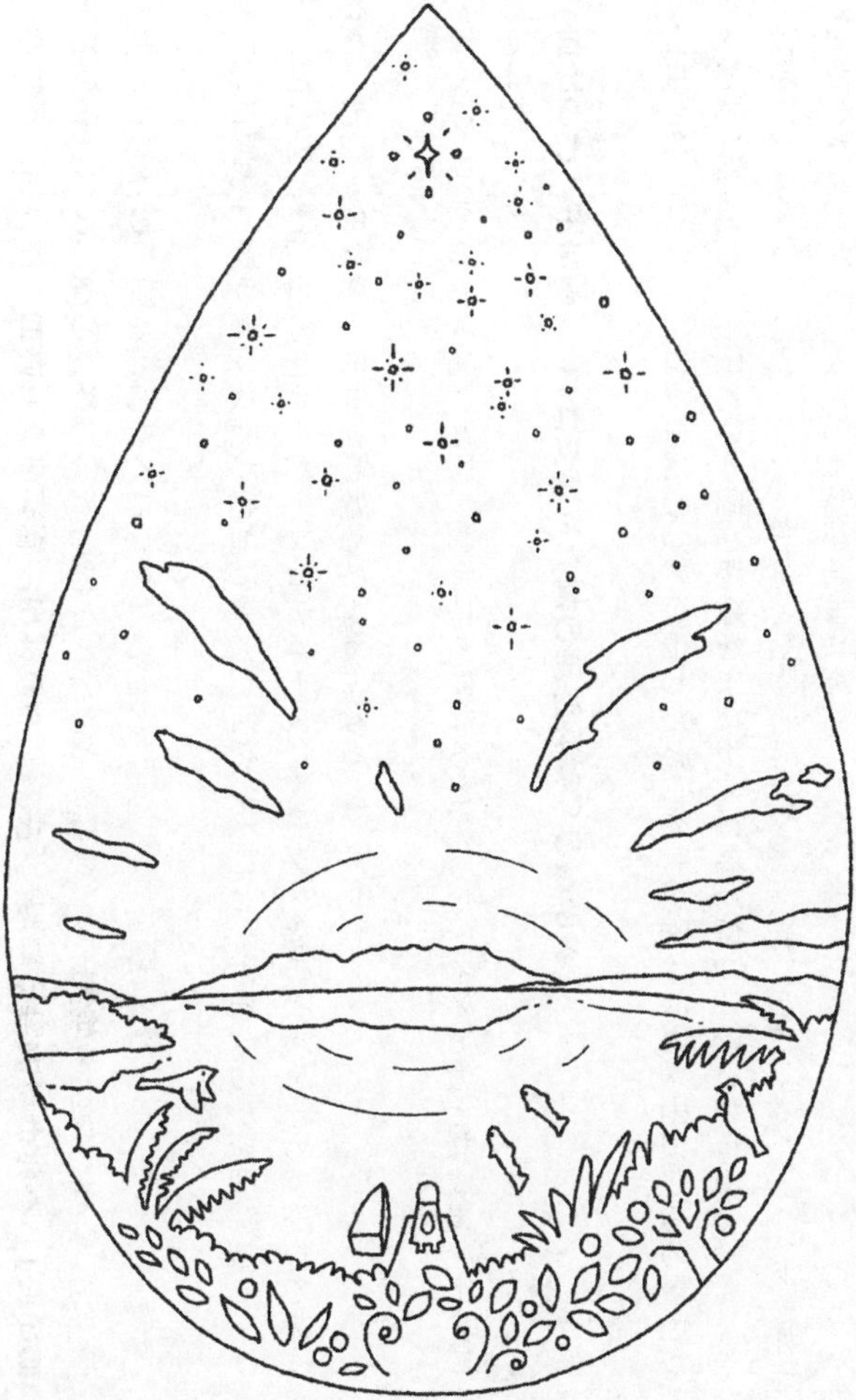

そして、あなたが**目指すべきは進化ではなく「深化」。変身や成長でもなく、「自分自身に還る」こと**。そのためには、「できることをやればいい」「無理をしなくていい」「心に嘘をついたり、魂を売らなくていい」のだ。

自分にとってどういう状態が心地よくて、何をやることが苦痛なのかを理解してあげること。決して、自分をオーバープロデュースせず、ダメなあなたを認め、許してあげるだけで、人生は勝手に好転し始めるようになる。

ぼくにとっての「成功」とは、お金持ちになるとか、ビジネスで大きな成果を出すことではない。

「自分らしく生きる」。これ以外に、真の成功はないのである。

自身を殺し続け、ボロボロになって登頂したとしても意味はない。山頂からの景色がすべてではないし、下山という同じ距離をまた歩く行為が待っているからだ。

実際に、ぼくも、人生で「もっとも高い山」だと思っていた「ニュージーランド移住」を果したあとから、人生の本番が始まった。

つまり、移住という山頂は「ゴール」ではなく、ロングトレイル登山で経由する「ひとつの大きな山」にすぎなかったのである。

ぼくが、安定、肩書、地位、年収を捨ててニュージーランドの湖畔に移住したのは、ここが、いちばん自分らしくいられる居場所「ホームプレイス」だから。

必ず世界のどこかに、あなただけのホームプレイスがある。そして、その場所に導いてくれるヒントやきっかけは、すぐ目の前にある。

だから、今すぐに動きだそう。

自分探しはしなくていい。愚直に理想を追い続け、あなたらしくいられる**「居場所」さえ見つかればもう大丈夫。そこで自然に「本当のあなた」を取り戻せる**から。

そんな心地いい場所を見つけられたら、ぜひ、ぼくにも教えてほしい。

本書が、あなたの美しいアーティスト性を見つけ出すきっかけになりますように。

ニュージーランドの湖畔の森より、願いを込めて。

四角大輔

本書は2010年5月にサンマーク出版より刊行された『やらなくてもいい、できなくてもいい。』を大幅に加筆、再編集し、改題のうえ文庫化したものです。

本文デザイン／大津祐子
本文イラスト／コヤノタカヒロ
編集／別府大河（EPOCH MAKERS）・桜井紀美子

本書は四角大輔主宰コミュニティ〈Lifestyle Design Camp〉のサポートを経て完成しました。

四角大輔―1970年大阪生まれ。ニュージーランドの湖で半自給自足の森の生活を営み、年の数ヵ月は世界中で移動生活を送りながら、Instagram、多数の連載、公式メディア〈4dsk.co〉を通して独自のライフスタイルシフト論を発信。アーティスト育成と大自然への冒険をライフワークとし、複数の企業の役員やアドバイザー、大学非常勤講師、会員制コミュニティ『Lifestyle Design Camp』学長を務める。著書に、10万部を突破し若者のバイブルともなっている、『自由であり続けるために 20代で捨てるべき50のこと』や、共著に『モバイルボヘミアン 旅するように働き、生きるには』など。レコード会社プロデューサー時代に配信を含めて10度のミリオンヒット、CD売り上げ2000万枚を記録。

・公式ウェブメディア〈四角大輔のすべて〉4dsk.co

講談社＋α文庫 人生《じんせい》やらなくていいリスト

四角大輔《よすみだいすけ》 ©Daisuke Yosumi 2018

2018年4月19日第1刷発行
2022年11月21日第9刷発行

発行者――鈴木章一
発行所――株式会社 講談社
東京都文京区音羽2-12-21 〒112-8001
電話 編集(03)5395-3522
販売(03)5395-4415
業務(03)5395-3615

デザイン――鈴木成一デザイン室
カバー印刷――凸版印刷株式会社
印刷――株式会社新藤慶昌堂
製本――株式会社国宝社

KODANSHA

落丁本・乱丁本は購入書店名を明記のうえ、小社業務あてにお送りください。
送料は小社負担にてお取り替えします。
なお、この本の内容についてのお問い合わせは
第一事業局企画部「＋α文庫」あてにお願いいたします。
Printed in Japan ISBN978-4-06-281739-4
定価はカバーに表示してあります。

講談社+α文庫 Ⓐ生き方

もし僕がいま25歳なら、こんな50のやりたいことがある。
松浦弥太郎
生き方や仕事の悩みに大きなヒントを与える。多くの人に読み継がれたロングセラー文庫化
560円 A 161-1

すてきな素敵論
松浦弥太郎
「暮しの手帖」前編集長が教える、「すてきな男性の定義」！　素敵な人になるためのレッスン
560円 A 161-2

ドラゴン桜公式副読本 16歳の教科書
なぜ学び、なにを学ぶのか
7人の特別講義プロジェクト&モーニング編集部・編著
75万部超のベストセラーを待望の文庫化。読めば悔しくなる勉強がしたくなる奇跡の1冊
680円 A 162-1

ドラゴン桜公式副読本 16歳の教科書2
「勉強」と「仕事」はどこでつながるのか
5人の特別講義プロジェクト&モーニング編集部・編著
75万部突破のベストセラー、文庫化第2弾！　親子で一緒に読みたい人生を変える特別講義
680円 A 162-2

「長生き」に負けない生き方
外山滋比古
92歳で活躍し続ける『思考の整理学』の著者が、人生後半に活力を生む知的習慣を明かす！
540円 A 163-1

逆説の生き方
外山滋比古
ミリオンセラー『思考の整理学』の90代の著者による、鋭く常識を覆す初の幸福論
540円 A 163-2

野村克也人生語録
野村克也
「才能のない者の武器は考えること」——人生に、仕事に迷ったら、ノムさんに訊け！
700円 A 164-1

日本女性の底力
白江亜古
渡辺和子、三木睦子、瀬戸内寂聴……日本を支えた27人があなたに伝える、人生の歩き方
720円 A 165-1

本当に強い人、強そうで弱い人
心の基礎体力の鍛え方
川村則行
なんとなく〝生きづらさ〟を感じているあなたへ。心理療法の専門家が教える強く生きるコツ
790円 A 166-1

人生やらなくていいリスト
四角大輔
頑張らなくていいことに時間を費やしている君へ。社会を生き抜くためのミニマム仕事術
780円 A 167-1

＊印は書き下ろし・オリジナル作品

表示価格はすべて本体価格（税別）です。本体価格は変更することがあります